中公新書 2164

渡邉義浩著

# 魏志倭人伝の謎を解く

## 三国志から見る邪馬台国

中央公論新社刊

# はじめに

邪馬台国《やまたいこく》論争は、日本のルーツを探る試みである。卑弥呼《ひみこ》を神功皇后《じんぐう》に比定した『日本書紀《にほんしょき》』（七二〇年）に始まり、新井白石《あらいはくせき》（一六五七〜一七二五年）より本格化する論争には、自分が生まれた国の根源を見定めようとする思いを感じる。論争が途絶えることなく続いている理由には、古くは国体の護持、近くは地域振興といった生々しい動機もある。しかし、それにも増して、日本の原型を知ろうとする情熱が、人々を突き動かしているのであろう。

わたしは、中国の三国《さんごく》時代の研究を専門とする。日本古代史や日本考古学を専門としないわたしが、「魏志倭人伝《ぎしわじんでん》」を読み解く理由は、「魏志倭人伝」が、六十五巻に及ぶ『三国志《さんごくし》』のなかの「巻三十　烏桓《うがん》・鮮卑《せんぴ》・東夷伝《とういでん》」の一部である「倭人の条」（以下、倭人伝と略称）を指しているためである。倭人伝は、『三国志』という史書の持つ偏向が、明確に現れている部分であり、以前から邪馬台国論争への提言を試みたいと考えていた。倭人伝には、使者の報告などに基づく部分と、史家の持つ世界観や置かれた政治状況により著された観念的叙述の部分とがあるため、両者を分けなければならない、という提言である。

両者の区別を日本古代史や日本考古学の研究者に要求することは酷である。『三国志』の著者である陳寿《ちんじゅ》（二三三〜二九七年）の世界観や政治状況は、約三十七万字に及ぶ『三国志』（それに付けられている裴松之《はいしょうし》〔三七二〜四五一年〕の注は、本文に匹敵する約三十六万字）のすべてに目を通すだけではなく、世界観を形成している儒教《じゅきょう》の経典《けいてん》に通じなければ分からないためである。本書は、すでに出版されている倭人伝に関する多くの著作に比べて、『三国志』に目を通した中国史研究者が、倭人伝の記述を二つの部分に分けて検討するところに特徴がある。

近年、奈良県桜井市《さくらい》三輪山《みわやま》近くの纒向《まきむく》遺跡の発掘を契機に、考古学により邪馬台国が確定された、との報道がなされた。それと歩調を合わせるように、倭人伝からは、卑弥呼や邪馬台国のことは分からない、との主張も目につくようになった。

たしかに、約二千字に過ぎない倭人伝の記述は、そのすべてが事実に基づくわけではない。そこには、卑弥呼が使者を派遣した当時の曹魏《そうぎ》の内政・外交や史家の世界観に起因する、多くの偏向（歪《ゆが》んだ記述）が含まれている。しかし、倭人伝には、三世紀の日本の現実を直接見聞きした使者の報告書に基づく貴重な記述も含まれる。邪馬台国から曹魏への朝貢《ちょうこう》は、約十年間で四回にも及ぶ。平均すると約十八年に一回であった遣唐使《けんとうし》のころに比べても、日本と中国が密接な関係を持っていた時代なのである。

それでは、倭人伝の虚実は、どのように判断すればよいのであろうか。単純な事実だが、「魏志倭人伝」という書物は本来存在しないことに、思いをいたすことから始めるべきである。日本で「魏志倭人伝」と呼んでいるものは、陳寿が著した『三国志』のほんの一部分(約〇・五パーセント)に過ぎない。『三国志』は、邪馬台国を記録するために著された史書ではないのである。したがって、倭人伝を読み解くには、『三国志』全体のなかでの倭人伝、あるいは倭国《わこく》や卑弥呼の位置づけを理解しなければなるまい。そのためには、『三国志』を著した陳寿の学問、『三国志』の歴史書としての特徴と記述の偏向、『三国志』に付けられた裴松之の注の史学史上での位置づけなどを踏まえたうえで、倭人伝を読む必要がある。

本書は、「魏志倭人伝」を『三国志』東夷伝 倭人の条として読むものである。『三国志』を著した陳寿の偏向、曹魏の内政と外交、陳寿に代表される史家の世界観などに起因する倭人伝の歪みを取り除き、邪馬台国の真実を示していこう。

なお、本文中の倭人伝は、現代日本語訳で掲げることとし、原文と書き下し文は附章にまとめ、段落に分けて小見出しを付け、補注と現代日本語訳を加えて通読に便利なようにした。引用文中の傍点は筆者による。中略箇所は「……」で示した。

目次

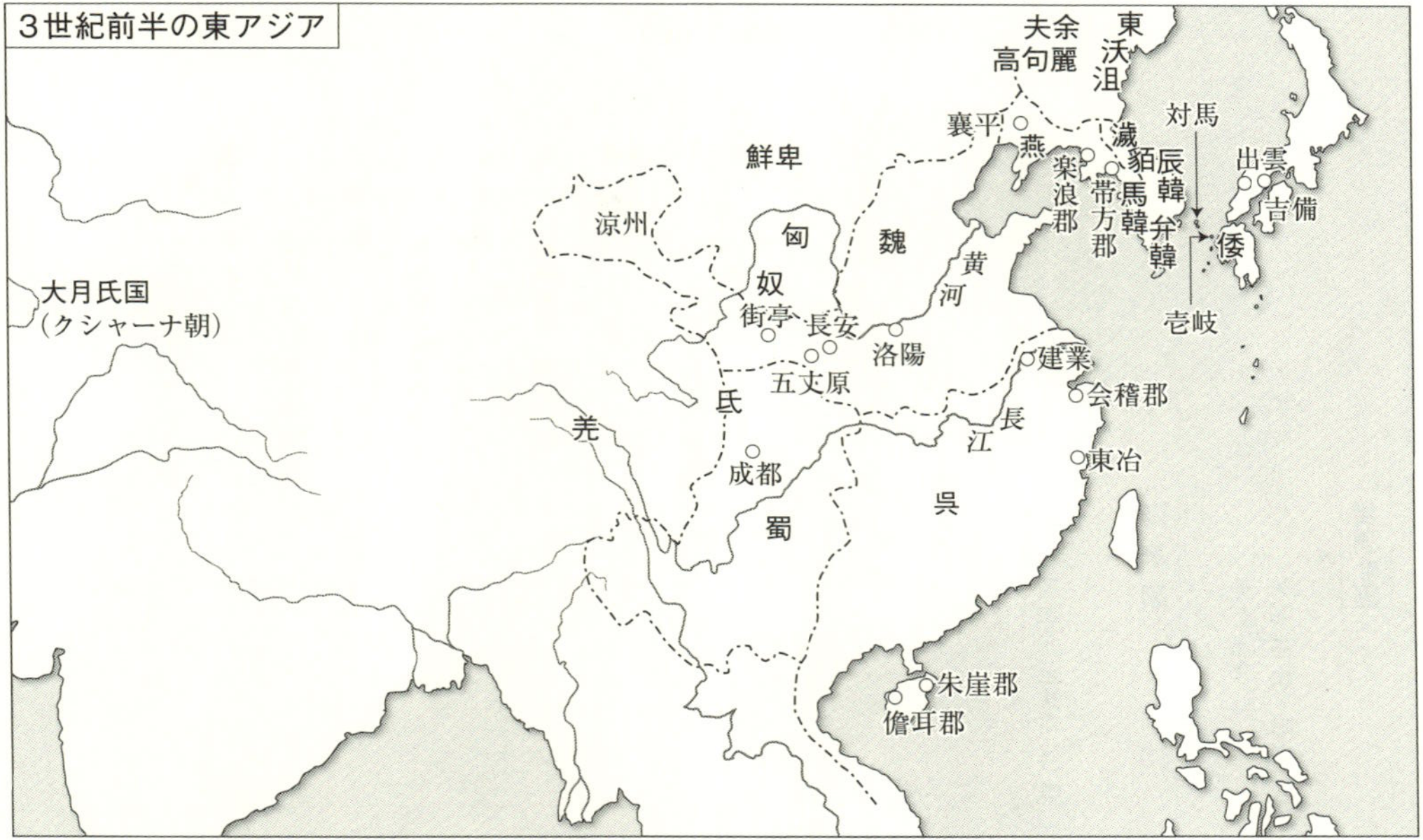
3世紀前半の東アジア
大月氏国
(クシャーナ朝)
鮮卑
涼州
匈
奴
魏
襄平
燕
夫余
高句麗
東
沃
沮
濊
貊
辰
韓
馬
韓
弁
韓
楽
浪
郡
帯
方
郡
対馬
壱岐
倭
出雲
吉備
黄
河
街亭
長安
洛陽
五丈原
氐
羌
成都
蜀
呉
長
江
建業
会稽郡
東冶
朱崖郡
儋耳郡

邪馬台国への里程（魏志倭人伝より）

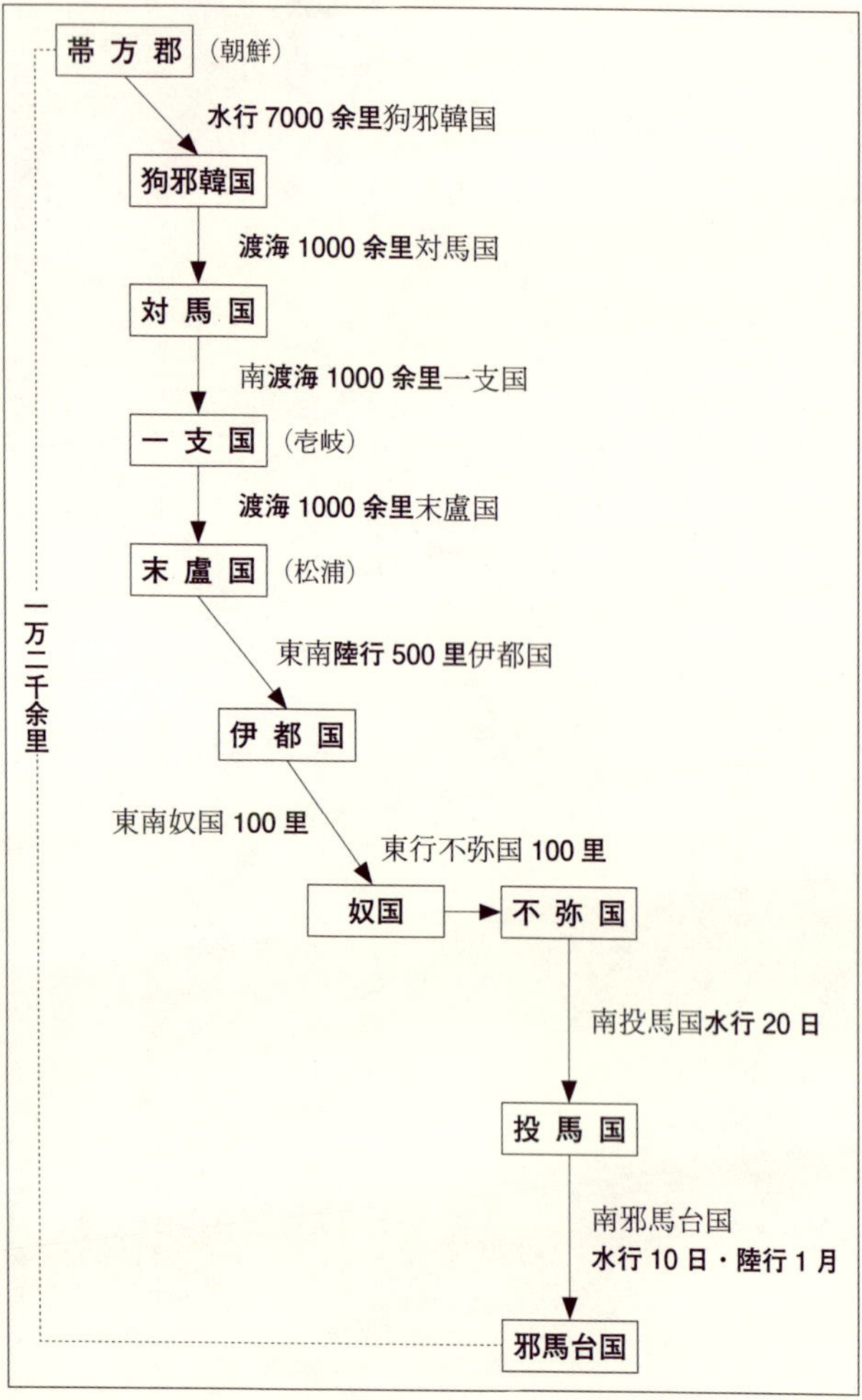

# 魏志倭人伝の謎を解く

# 第一章　倭人伝と邪馬台国論争

## 1　『三国志』のなかの倭人伝

### 正史『三国志』

西晋《せいしん》（二六五～三一六年）の歴史家である陳寿《ちんじゅ》の著した『三国志』は、歴史小説の『三国志演義《えんぎ》』と分けるために、「正史《せいし》」と呼ばれることが多い。しかし、『三国志』は、書かれた当初から正史であったわけではない。『史記《しき》』から始まる紀伝体の史書を、国家の正統性を示す史書として「正史」と呼ぶことは、唐《とう》（六一八～九〇七年）から始まる。

　本紀（皇帝の年代記）と列伝（臣下の伝記）から成る紀伝体は、中国に複数の皇帝（世界の支配者、本来は一人しか存在できない）が濫立《らんりつ》した時、誰を本紀《ほんぎ》に記すのかにより、正統を表現する。陳寿は、魏書《ぎしょ》三十巻・蜀書《しょくしょ》十五巻・呉書《ごしょ》二十巻という三部構成で『三国志』を著しながらも、魏書にのみ本紀を設けた。それにより、曹操《そうそう》が基礎を築き、曹丕《そうひ》が建国した曹魏（二二〇～二六五年、中国の北半分を支配）の正統を示すためである。蜀漢《しょくかん》（二二一～二六三年、中国の西南を支配）を建国した劉備《りゅうび》も、孫呉《そんご》（二二九～二八〇年、中国の東南を支配）を建国した孫権《そんけん》も列伝に記し、形式的には曹魏の臣下として扱っている。

　これは、歴史事実とは異なる。劉備も孫権も皇帝に即位しているからである。「正史」は、正しい史実を記録することで「正史」と呼ばれるわけではない。歴史事実と異なる記録をしてまで、正統を示す史書である「正史」には、偏向（記述の歪み）が含まれるのである。

ただし、劉備と孫権をともに臣下としながらも、『魏書』という形式を取らず、蜀書・呉書との三部から成る『三国志』としたところに、蜀漢に仕えていた陳寿の苦心と工夫がある。蜀漢の歴史を魏書に埋没させなかったのである。このため魏書・蜀書・呉書は、それぞれ完結性を持つことになり、独立して刊行される場合もあった。日本の静嘉堂《せいかどう》文庫は、南宋《なんそう》（一一二七〜一二七九年）の初期に刊行された『呉書』を所蔵するが、その巻頭には呉書だけの目録が附されており、単行で出版されたことが分かる。そうした場合、魏書は「魏志」と呼ばれた。北魏《ほくぎ》（三八六〜五三四年）の正史である『魏書』と分けるためである。「魏志倭人伝」という呼称に含まれる「魏志」は、こうした事情を背景とする。

独立性の高い魏書・蜀書・呉書から成る『三国志』であるが、それでも皇帝が世界を支配するという価値観を表現するための夷狄《いてき》（野蛮な異民族）の列伝は、魏書にのみ附された。儒教において、中華の天子の徳は、それを慕って朝貢する夷狄の存在によって証明されるためである。朝貢とは、夷狄の君主が、中華の文徳に教化されて臣下となり、貢ぎ物を捧《ささ》げ世界の支配者である中華の皇帝のもと、地域を支配する国王として封建されるために使者を派遣することである。曹魏を正統とする『三国志』は、曹魏と国際関係を結んだ異民族を、正統性を示す夷狄として優先的に記述する。このため、蜀漢の諸葛亮《しょかつりょう》（諸葛孔明《こうめい》）の南征に帰服した孟獲《もうかく》が、西戎《せいじゅう》伝や南蛮《なんばん》伝として『三国志』に列伝を立てられることはない。

曹魏の中華としての正統を示すために設けられた夷狄の列伝、それが『三国志』唯一の夷狄伝、巻三十 烏桓《うがん》・鮮卑《せんぴ》・東夷《とうい》伝である。したがって、曹魏に朝貢した倭人の記録は、反抗的な民族も多かった東夷伝のなかで、曹魏の正統性ならびにそれを継承する西晉の正統性を表現するため、政治的意図を含んだ記述となるのである。

## 史家の思い

『三国志』は、陳寿が一から書き記した史書ではない。魏書は、王沈《おうしん》の『魏書』と魚豢《ぎょかん》の『魏略《ぎりゃく》』、呉書は韋昭《いしょう》の『呉書』という、先行する史書に多くを依拠している。すでに散逸している『魏書』『魏略』や『呉書』に、陳寿の記述が基づいていることが分かるのは、これらの書籍の一部が、『三国志』の注や類書（一種の百科事典）に引用されて残っているためである。後述するように、独自の『魏略』の逸文《いつぶん》（失われた文章）を伝え、倭人伝の理解に有益な史料を提供する唐の張楚金《ちょうそきん》の『翰苑《かんえん》』も類書である。

それらの先行する史書に加えて、陳寿は西晉の史官として、国家が保管する皇帝の制《せい》・詔《しょう》（命令書）や臣下の上奏文《じょうそうぶん》を見ることができた。そのなかでも制・詔は、陳寿のみならず、中国歴代の史官が原則として手を加えないものであるため、当時の史料がそのまま記録される。倭人伝のなかで、卑弥呼を親魏《しんぎ》倭《わ》王《おう》とする制書《せいしょ》（夷狄の王などを任命するための天子の命令書）の信頼性が高い理由である。

それでも陳寿は、どの記録を採用して、どの記録を伏せるのかという作業を通じて、あるいは「春秋《しゅんじゅう》の筆法」（『春秋』の義例《ぎれい》に従った毀誉褒貶《きよほうへん》を含ませた史書の書き方）と呼ばれる歴史叙述の方法により、自らの思いを表現することができた。

たとえば、同じく列伝に位置づけられていても、劉備と孫権とは同等に扱われていない。蜀漢の旧臣であった陳寿は、劉備の死去を「殂《そ》」、孫権の死去を「薨《こう》」と記して差異を設けている。『春秋』（儒教の経典である五経《ごきょう》の一つ。孔子《こうし》が編纂《へんさん》したとされる魯《ろ》の国の年代記）の義例（正しさの基準）では、「薨」は諸侯の死去を表現する言葉である。すなわち、陳寿は「春秋の筆法」により、孫権が皇帝位に就いたことを否定している。

これに対して、曹魏の諸帝の死去には「崩《ほう》」の字を用い、正統な天子であることを示す。興味深いのは、劉備の「殂」である。「殂」は、『尚書《しょうしょ》』（五経の一つ。堯《ぎょう》・舜《しゅん》・禹《う》など伝説的な天子の事績をまとめた経書《けいしょ》）で、堯の死去に用いている言葉である。後漢末、漢の皇帝は堯の子孫とされていた。このため、曹魏は、漢魏革命を堯舜革命（堯から舜への理想的な禅譲《ぜんじょう》）に準《なぞら》えて正統化している。こうした状況下において、陳寿が劉備の死去を「殂」と表現することは、直接的には諸葛亮の「出師表《すいしのひょう》」が劉備の死去を「崩殂《ほうそ》」と記していることに依拠するとしても、劉備が堯の子孫、すなわち漢の後継者であることを「春秋の微意《びい》」（明確に書かずに仄《ほの》めかすこと）として、後世に伝えようとしたからに他ならない。

陳寿は、死去を表現する一文字にこれだけの思いを込める。倭人伝では、卑弥呼の死去を「死」と記す。『春秋』の義例では、大夫《たいふ》（世襲的支配者の中位層）の死去は「不禄《ふろく》」と書き、士《し》（支配者の下位層）のそれは「卒《しゅつ》」と書く。卑弥呼は、曹魏より親魏倭王という王号を賜《し》与《よ》されているにも拘《かかわ》らず、諸侯の死去を表現する「薨」ではなく、被支配者層である民の死去を表現する「死」の文字が使われている。陳寿の意識のなかでは、異民族の王である卑弥呼は、民と同じ扱いなのである。

本書は、こののち、陳寿が倭人を重視していることを述べる。ただし、その際に留意しなければならないことは、陳寿は、倭人の来貢が、自らの仕える西晉の司馬《しば》氏の正統性と関わるために、倭人を重視したのであり、倭人に強い関心や共感があったわけではない。倭人伝は、日本のために書かれたわけではないのである。

### 倭人伝の概要

倭人伝は、最も史料的な価値の高い、倭国の朝貢と曹魏からの回賜《かいし》（朝貢に対して、中華の恩恵を示すため、多くの物品を賜与《しよ》すること）と、卑弥呼を親魏倭王に封建する制書を記した部分を最後に配置する。その前に、制書を与える対象となった倭とは、どのような国であるのかを説明するため、倭の諸国とそこへの道程、倭国の地誌と政治体制を記している。これら三つの部分より構成される倭人伝の概要を整理しておこう。

1　倭の諸国と道程
帯方郡《たいほう》（朝鮮半島の中部）から邪馬台国に至る道程の方位と距離、国ごとの官名・戸数・概況が記載される。さらに、卑弥呼の支配下にある国名が列記され、対立する南の狗奴国《くなこく》の記述もある。この部分の解釈が、邪馬台国論争を惹《ひ》き起こした。

2　倭国の地誌と政治体制
入れ墨（黥面《げいめん》・文身《ぶんしん》）から衣服・髪型・織物に始まり、鳥獣・武器・衣食・葬儀・持衰《じさい》（航海の安全を祈る者）・占い・飲食・寿命・婚姻といった倭国の地誌と、統治機構・刑罰・身分秩序などの政治体制、および倭の地全体の地理が記載される。

3　朝貢と回賜および制書
景初《けいしょ》三（二三九）年に始まり正始《せいし》八（二四七）年に至る、倭国からの四回の朝貢と曹魏の対応、および卑弥呼を親魏倭王に封建する制書が記載される。

邪馬台国論争は、これらの三つの部分のうち、1「倭の諸国と道程」の解釈を中心とする。そこで、論争を検討する前に、根拠とされた史料の現代語訳を掲げよう（［ ］内の数字は、そこまでの文章が、附章の訳注のどこにあたるかを示す。以下同）。

帯方郡《たいほう》から倭に行くには、海岸に沿って海を行き、韓国《かんこく》を経て、あるいは南にあるいは東にすすみ、倭の北方の対岸にある狗邪韓国《くやかんこく》に到着する。この間は七千余里である。そこから初めて一つの海を渡り、千余里で対馬国《つしまこく》に至る。その大官を卑狗《ひこ》といい、副を卑奴母離《ひなもり》という。住んでいるところは絶島（四面を海でかこまれた孤島）で、（広さは）方《ほう》四百余里ばかりである。土地は山が険しく、深林が多く、道路は獣道《けものみち》のようである。（人家は）千余戸であるが、良田はなく、海産物を食糧として自活し、船に乗って南北から米穀を買い入れている。［1－(2)］

また南に一つの海を渡り千余里すすむが、（この海は）名づけて瀚海《かんかい》といい、一支国《いきこく》に至る。官をまた卑狗《ひこ》といい、副を卑奴母離《ひなもり》という。（広さは）方三百里ばかりで、竹木や叢林《そうりん》が多く、三千ばかりの家がある。田地は少しあるが、田を耕しても食べる分には足りないので、また南北から米穀を買い入れている。

また一つの海を渡り、千余里すすむと末盧国《まつらこく》に至る。（人家は）四千余戸であり、（人々は）山裾《やますそ》や海浜《かいひん》に沿って居住している。草木が茂盛《もせい》していて、（道を）行っても前に行く人の姿は見えない。魚やあわびを捕えることを得意とし、水が深い浅いをとわず、みな潜ってこれを取る。

東南に陸を行くこと五百里で、伊都国《いとこく》に到着する。官を爾支《にき》といい、副を泄謨觚《しまこ》・柄渠觚《ひここ》という。（人家は）千余戸である。（この国には）代々王がおり、みな女王国に統属している。（ここは帯方）郡からの使者が（倭国と）往来するときに、常に駐《とど》まるところである。［1―（3）］

東南にすすんで奴国《なこく》に至るまで百里。官を兕馬觚《しまこ》といい、副を卑奴母離《ひなもり》という。（人家は）二万余戸である。

東にすすんで不弥国《ふみこく》に至るまで百里。官を多模《たま》といい、副を卑奴母離という。（人家は）千余家である。［1―（4）］

南にすすんで投馬国《とうまこく》に至る、水を行くこと二十日である。官を弥弥《みみ》といい、副を弥弥《みみ》那利《なり》という。（人家は）五万余戸ばかりである。

南にすすんで邪馬台国《やまたいこく》に至る。女王が都を置いているところである。水を行くこと十日、陸を行くこと一月である。官に伊支馬《いきま》があり、次を弥馬升《みましょう》といい、次を弥馬獲支《みまかくき》と

いい、次を奴佳鞮《なかてい》という。(人家は)七万余戸ばかりである。[1—(5)]

韓国から対馬・一支《いき》(壱岐)を経て、末盧《まつら》(松浦)に着く。ここまでの道程は、諸説同じである。末盧(松浦)の東南にある伊都《いと》国から先が、邪馬台国論争の対象となる。それでも、伊都国より東南に進んで到着する奴《な》国を現在の博多とすることは、ほぼ共通の理解となっている。奴国から先をどう解釈するかにより、九州説と大和《やまと》説という邪馬台国論争の二大学説が分かれることになる。

## 2　邪馬台国論争

### 論争の始まり

邪馬台国の所在をめぐる論争は、長い歴史を持つ。舎人《とねり》親王らがまとめた『日本書紀』は、神功摂政《じんぐうせっしょう》三十九年、四十年、四十三年の各条に、倭人伝を引用し、神功皇后と卑弥呼を同一人物とし、邪馬台国を畿内《きだい》大和と考えている。ただし、これらの引用は、『日本書紀』編纂当時のものであるという説と、後世の注記であるという説とが並立している。前者であれば、邪馬台国論争は、実に奈良時代にまで遡《さかのぼ》ることになる。

江戸時代には、邪馬台国の研究に先鞭《せんべん》をつけた松下見林《まつしたけんりん》の『異称日本伝《いしょうにほんでん》』（元禄《げんろく》六〔一六九三〕年）が、『日本書紀』の考えに従って、「邪馬台」を「やまと」と読み、卑弥呼を神功皇后であるとした。それを継承する形で、邪馬台国の本格的な研究を始めた者が、新井白石である。白石は、「魏志は実録」と述べるように、倭人伝に全幅の信頼を寄せる。『古史通或問《こしつうわくもん》』（正徳《しょうとく》六〔一七一六〕年）では、邪馬台国を大和とし、卑弥呼を神功皇后とする『日本書紀』を継承して、倭人伝に見える対馬《つしま》国以下を当時の地名に比定した。ところが、のちに著した『外国之事調書《がいこくのことしらべしょ》』（享保《きょうほう》七〔一七二二〕年）では、邪馬台国を筑後《ちくご》国山門《やまと》郡であるとの自説を展開し、現在まで続く、邪馬台国九州説と大和説の嚆矢《こうし》となったのである。

一方、本居宣長《もとおりのりなが》は、『馭戎慨言《からおさめのうれたみごと》』（安永《あんえい》七〔一七七八〕年）のなかで、曹魏への使者は、「熊襲《くまそ》などのたぐひなりしもの」が、神功皇后と偽って私的に派遣したものである、とする。そして、投馬《とうま》国から邪馬台国まで「水行十日、陸行一月」という記述が大和までの日程に合わないことを強調して、邪馬台国は九州にある、としたのである。中国文化の影響を受ける以前の日本本来の心を追求する国学《こくがく》の立場からは、日本の皇后が中国に朝貢するなどあってはならないことである。こうした国学者としての立ち位置が、宣長を九州説に駆り立てたのであろう。

明治に入り、『古事記《こじき》』『日本書紀』の紀年《きねん》（天皇が崩御したとされる干支《かんし》の是非）を研究した那珂通世《なかみちよ》が、「日本上古年代考」（明治二十一〔一八八八〕年）などにおいて、神功皇后の時代は、卑弥呼よりも百年ほど後になることを指摘すると、神功皇后と卑弥呼を同一視する説は、少なくなっていく。

それでは、卑弥呼は誰なのか。これこそが日本の起源と関わる、という問題意識のなかで、日韓併合の年にあたる明治四十三（一九一〇）年、九州説を代表する白鳥庫吉《しらとりくらきち》の「倭女王卑弥呼考」と、大和説を代表する内藤虎次郎《ないとうとらじろう》（湖南《こなん》）の「卑弥呼考」が公表された。

## 九州説とその弱点

東京大学の東洋史学の開祖である白鳥庫吉の九州説の特徴は、里数・日程の解明に努めた点にある。本居宣長の九州説のみならず、その国体護持の思想をも尊重する白鳥は、倭人伝の里数・日程では、邪馬台国が九州内に収まらないことについて、倭人伝の「里数の標準が概して短少にして、支那国に行はれたる古今の尺度に合」わないとし、一里を約四百三十四メートルとする漢魏《かんぎ》（漢から魏にかけて）の里制ではなく、一里を約七十五〜九十メートルとする短里を倭人伝が用いている、と主張した。さらに、投馬国から邪馬台国までの「水行十日、陸行一月」の日程を、その間の「二国の名称だに記さざるは、理に於《おい》て然《しか》るべからず」として、一月は一日の誤写である、とする。また、卑弥呼を「崇神《すじん》天皇と同時代」の人であり、『日本書紀』が卑弥呼を神功皇后としたのは、その王権の「祭祀《さいし》を以《もっ》て政治の要道とする一種の神裁政治」のあり方が、共通であったことによる。そして、「女王国の興亡及び其《そ》の滅亡」が、「景行《けいこう》天皇及日本武尊《やまとたけるのみこと》」の九州北部の平定と神功皇后の「三韓《さんかん》を征伐」する好機になった、としたのである。

　大和説を取る内藤湖南が、後年、国学的な大義名分論に基づく九州説に抗するには勇気を要した、と述懐しているように、戦前は国体護持との関わりから優位を占めた九州説であるが、白鳥説以降も里数・日程の解釈には苦心を続けてきた。そのままでは北九州に邪馬台国が収まらないためである。こうした距離の問題を解決するため、戦後まもない昭和二十二（一九四七）年に発表されたものが、榎一雄《えのきかずお》の「魏志倭人伝の里程記事について」であった。

　榎は、倭人伝の里程・日程記事が、伊都国の前後で記述方法を異にすることに注目する。すなわち、瀚海を渡った後、対馬国から伊都国までは、前に接する土地からの①方位と②距離を示した後に、到着する③国名があげられる。「①東南に陸を行くこと②五百里で、③伊都国に到着する」という記述方法である。これに対して、伊都国から邪馬台国までは、最初に①方位をあげてから③国名をあげ、その後に②距離が示される。「①東南にすすんで③奴国に至るまで②百里」という記述方法である。榎は、この記述方法の違いは、前者が連続的に狗邪韓国から対馬国・一支国・末盧国を経由して伊都国に至る道筋を表現し、後者が伊都国を起点として放射状に、伊都国から奴国、伊都国から不弥国、伊都国から投馬国、伊都国から邪馬台国のそれぞれに至る道筋を表現するために用いられた、としたのである（図1を参照）。

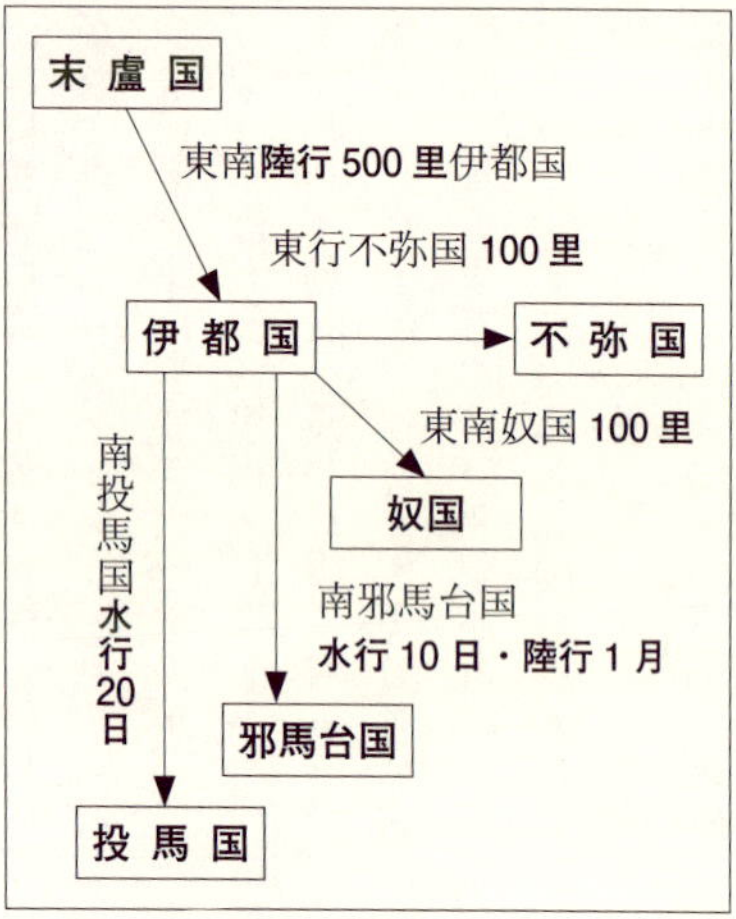


図1　榎一雄の放射説

　これにより邪馬台国は、筑後の山門《やまと》か肥後《ひご》の山門の地に、位置づけられることになった。それとともに、帯方郡から邪馬台国まで、一万二千里という倭人伝の記述［1―(7)］をも実証できることになり、井上光貞《いのうえみつさだ》『日本国家の起源』（昭和三十五（一九六〇）年）は、「ここに九州説は磐石《ばんじゃく》の基礎を得た」と、榎の「放射説」を高く評価した。

　しかし、榎への反論は、三品彰英《みしなあきひで》「邪馬台の位置」（昭和二十三（一九四八）年）により即座に行われた。三品は、榎の読み方を特異であるとし、「『魏志』の撰者《せんじゃ》は、他の部分で倭地は南に延長された島国で、会稽東冶《かいけいとうや》の東方に迄《まで》のびてゐると考証してゐるのであるから、……榎氏の読方《よみかた》は、たとへ巧妙であつても、撰者の考へた如《ごと》くでないことは右によつて明瞭《めいりよう》である」と述べる。さらに、「日本列島が南方に敷列《ふれつ》してゐると云ふことは、明らかに日本の地理と矛盾するけれども、……吾々の持つてゐる地図上の日本列島を、南の方に敷列せしめるやうに、しかも不正確な形に歪《ゆが》めて、九十度の転回を試みるのが撰者の考へに即する所以《ゆえん》である」と提案して、大和説に不利とされてきた方位の問題を解決する新説までを主張したのである。

九州説は、方位が不利とされる大和説に対して、距離に問題を抱えていた。それを克服するために、白鳥の短里説や榎の放射説が主張された。しかし、現在では考古学の進展により、さらなる弱点が指摘されている。第一は、四世紀とされていた古墳築造の開始年代が三世紀の前半まで遡ることが解明され、その時期には、九州よりも大規模な古墳が、近畿・中国地方に存在していること。第二は、九州説が邪馬台国の所在を主張する北九州の弥生《やよい》遺跡の優位性が、三世紀に入ると失われることである。とりわけ、これまで集落遺跡を欠いていた大和に、纏向遺跡が発見されたことは、日本考古学の趨勢《すうせい》を大きく大和説に傾かせている。

**大和説とその弱点**

京都大学の中国史学の鼻祖《びそ》である内藤湖南の大和説の特徴は、地名・人名・官名の詳細な考証にある。倭人伝は、すでに引用した邪馬台国までの里程・日程記事の後に、邪馬台国の支配下にある、戸数や道里が分からない国々の名を列挙している。内藤の地名考証を〔　〕により加えながら掲げてみよう。

女王国より北（にある国々について）は、その戸数や（そこに行く）道里はだいたい記載できるが、その他の旁国《ぼうこく》は遠く絶《へだ》たっており、（戸数や道里を）詳細にすることができない。つぎに斯馬国《しまこく》〔志摩《しま》国〕があり、つぎに巳百支国《しおきこく》〔伊勢《いせ》国石城《いわき》〕があり、つぎに伊邪国《いやこく》〔志摩国答志《とうし》郡伊雑宮《いぞうぐう》、伊勢国度会《わたらい》郡伊蘇《いそ》郷〕があり、つぎに都支国《ときこく》〔伊勢国度会郡榛原《はいばら》神社〕があり、つぎに弥奴国《みなこく》〔美濃《みの》国〕があり、つぎに好古都国《ここと こく》〔美濃国各務《かかみ》郡、美濃国方県《かたがた》郡〕があり、つぎに不呼国《ふここく》〔美濃国池田《いけだ》郡伊福《いふく》、美濃国不破《ふわ》郡〕があり、つぎに姐奴国《しゃなこく》〔近江《おうみ》国高島《たかしま》郡角野《つの》郷〕があり、つぎに対蘇国《たいそこく》〔近江国伊香《いか》郡遂佐《すいさ》郷〕があり、つぎに蘇奴国《そなこく》〔伊勢国多気《たき》郡佐奈《さな》神社〕があり、つぎに呼邑国《こゆうこく》〔伊勢国多気郡麻績《おうみ》郷〕があり、つぎに華奴蘇奴国《かなそなこく》〔遠江《とおとうみ》国磐田《いわた》郡鹿苑《ろくおん》神社〕があり、つぎに鬼国《きこく》〔尾張《おわり》国丹羽《にわ》郡大桑《おおくわ》郷、美濃国山県《やまがた》郡大桑郷〕があり、つぎに為吾国《いごこく》〔三河《みかわ》国額田《ぬかた》郡位賀《いが》郷、尾張国智多《ちた》郡番賀《はが》郷〕があり、つぎに鬼奴国《きなこく》〔伊勢国桑名《くわな》郡桑名郷〕があり、つぎに邪馬国《やまこく》〔伊勢国員弁《いなべ》郡野《や》摩《ま》〕があり、つぎに躬臣国《きゅうしんこく》〔伊勢国多気郡櫛田《くしだ》〕があり、つぎに巴利国《はりこく》〔尾張国、播磨《はりま》国〕があり、つぎに支惟国《きいこく》〔吉備《きび》国〕があり、つぎに烏奴国《おなこく》〔備後《びんご》国安那《あな》郡〕があり、つ

ぎに奴国〔儺県《ながあがた》、那津《なのつ》〕がある。これが女王の（支配している）領域の尽きる所である。〔1—(6)〕

その南には狗奴国《くなこく》〔肥後国菊池郡城野郷《ひごきくちきの》〕があり、男子を王とする。その官には狗古《くこ》智卑狗《ちひく》がある。（この国は）女王に服属していない。帯方郡より女王国に至るまで一万二千余里である。〔1—(7)〕

このように詳細な地名考証を行いながら、内藤は、邪馬台国の位置について、「投馬国より水行十日陸行一月といへる距離も、奴国あたりより投馬までの距離を水行二十日と算するに比しては、無理なりとせず。又当時七万余戸を有する程の大国は、之《これ》を辺陲《へんすい》の筑紫《ちくし》に求めんよりも、之を王畿《おうき》の大和に求めん方穏当なるに似たり。此《こ》れ余が邪馬台国を以《もっ》て、旧説の大和に復すべしと思へる理由」であると述べ、卑弥呼を倭姫命《やまとひめのみこと》（日本武尊の叔母、神話的な初代斎宮《いつきのみや》）に擬定する新説を提示したのである。

ただし、倭人伝のままでは、方位が異なるため、不弥国以降の南は東の誤りであるとした。その際、「支那の古書が方向を言ふ時、東と南と相兼ね、西と北と相兼ねるは、その常例」である、と述べるにとどまったこともあり、橋本増吉《はしもとますきち》「耶馬台国及び卑弥呼に就て」（明治四十三〔一九一〇〕年）の全面的な批判など、多くの反論を受けた。すでに述べた、日本列島を南方に延びる形で考える三品彰英の説は、この方位の問題を解決しようとする試みであった。

それでも、大和説は、考古学から多くの支持を集めた。高橋健自《たかはしけんじ》「考古学上より観《み》たる耶馬台国」（大正十一〔一九二二〕年）は、卑弥呼の時代が古墳時代であるという前提から、畿内に成立した古墳が東西に伝播《でんぱ》すること、前漢《ぜんかん》の鏡が北九州に、後漢《ごかん》・三国の鏡が近畿に多いことを論拠に、邪馬台国は大和にあると主張した。また、笠井新也《かさいしんや》「卑弥呼即ち倭迹迹日百襲姫命《やまとととひももそひめのみこと》」（大正十三〔一九二四〕年）は、卑弥呼を倭迹迹日百襲姫命（大物主神《おおものぬしのかみ》の妻）であるとし、現桜井市の箸墓《はしはか》古墳をその墓と考えた。戦後になると、小林行雄《こばやしゆきお》『古墳時代の研究』（昭和三十六〔一九六一〕年）が、同笵鏡論《どうはんきょう》（同一の鋳型を用いて鋳造した鏡〔同笵鏡〕の分布より古墳を分析する議論）により、卑弥呼の遺使に関わる三角縁神獣鏡《さんかくぶちしんじゅうきょう》が舶載品であることを主張し、邪馬台国大和説の理論的な支柱を確立したのである。

もちろん、大和説にも弱点はある。倭人伝の民俗・風俗が南方系であること、近畿以西に存在したはずの吉備《きび》国や出雲《いずも》国の詳細に触れられないまま、近畿圏まで含む道程の記述と見なすのは不自然であることなどは、その代表的指摘である。

以上のように、邪馬台国論争のなかで有力な九州説と大和説は、倭人伝の記述が、日本の地理や歴史に関する現代的な常識に反しているため、さまざまな読み方の工夫をしている。

九州説では距離、大和説では方位の工夫がされてきたのである。

本書は、中国史の立場から行う史料批判に基づき、九州説と大和説の是非を検討していく。その前に、場所の比定にとどまらず、邪馬台国の日本史における位置づけへと深化していった邪馬台国論争の行方を追い、本書が解明すべき課題を掲げていこう。

## 3　さまざまな邪馬台国像

### 王権の位置づけ

日本史において、邪馬台国がいかなる国家と考えられてきたのかについては、佐伯有清《さえきありきよ》に『研究史 邪馬台国』（昭和四十六〔一九七一〕年）、『研究史 戦後の邪馬台国』（昭和四十七〔一九七二〕年）、『邪馬台国基本論文集』（編、昭和五十六〜五十七〔一九八一〜八二〕年）、『邪馬台国論争』（平成十八〔二〇〇六〕年）という有益な学説史整理がある。もちろん、武光誠《たけみつまこと》・山岸良二《やまぎしりょうじ》（編）『改定版 邪馬台国事典』（平成十〔一九九八〕年）のように、戦後、邪馬台国についての多くの仮説が出されてきたが、そのなかには学界の共有財産となりうるような成果は数えるほどしかなく、明治時代もしくは大正時代までの研究成果を身につけることがまず必要であり、最近の雑多な研究に目を奪われると、邪馬台国研究の本質を見失ってしまう恐れがある、という意見もある。しかし、戦後の研究では、邪馬台国あるいは倭国という国家の構造や性質を追究することにより、さまざまな邪馬台国像が提示されている。

九州説の立場から、邪馬台国を国家連合と位置づけ、戦後の研究に大きな影響を与えたものが、藤間生大《とうませいた》『埋もれた金印―女王卑弥呼と日本の黎明《れいめい》』（昭和二十五〔一九五〇〕年）である。弥生の中期には、生産力の地域的不均等が現れ、奴隷も生まれ、身分もできてくるが、いまだ奴隷制的生産関係（古典古代のように、奴隷制が最も主要な支配・被支配の関係）ではなく、共同体的な社会構成（奴隷制以前の社会）が支配的な段階である。卑弥呼は、国家連合において、その体制に君臨するものではない。卑弥呼は、各国の王（族長）勢力の均衡のなかで共立されており、王たちによって制約もされている。北九州の弥生式遺跡が、中期以降見るべきものがないのは、卑弥呼の国家連合が共同体的な社会構成の枠内にとどまっていたためで、それはやがて畿内の連合政権によって征服されていく、としたのである。

これに対して、上田正昭《うえだまさあき》「邪馬台国問題の再検討」（昭和三十三〔一九五八〕年）は、大和説の立場から、邪馬台国に古代専制国家の萌芽《ほうが》を見る。邪馬台国と服属国との関係は、「ルーズな連合」や単なる「部族連合」ではなく、「一大率《いちだいそつ》」や邪馬台国内部の官制によっても明らかなように、身分と階級をはらむ支配者集団の統属関係であり、そこには初期専制君主制の形態を見いだすことができる。女王共立の基盤は、列島全体の国々を主体とするものではなく、邪馬台国を中心とする畿内諸勢力の共立であり、この段階では、すでに王権は父権を中心に特定の支配者集団に固定しつつあった。権力の基盤としての共同体は、原始的形態のそれではなく、いわゆる「アジア的形態」（マルクスが原始共同体と古典古代的共同体の中間として設定したアジア的共同体）と規定されるものであって、奴隷制を内包する共同体的諸関係が初期専制君主の性格を特色づけている、としたのである。

上田の主張に対して、九州説に立つ井上光貞『日本国家の起源』（昭和三十五〔一九六〇〕年）は、共立の主体は、地方の諸小国と見なすべきである、とする。そのうえで、倭国は邪馬台国をはじめとする諸小国の連合からなる「邪馬台国連合」であるとし、このような時代の社会は「英雄時代」（原始社会から階級社会、国家の形成に移行する過渡期の英雄叙事詩に描かれる時代）、政治体制は「原始的民主制」にふさわしい、とした。上田により、原始的民主制が批判されると、井上は時間の経過に伴う王権の変容を説いて自説を強化する。井上光貞「邪馬台国の政治構造」（昭和四十一〔一九六六〕年）は、邪馬台国を宗主《そうしゅ》とする政治的連合体は、二世紀の六〇年代前後の大乱のなかから生まれたその当座においては、まさに部族連合的なものであったけれども、三世紀の三〇〜四〇年代、魏の朝廷が自己の使者や倭人の使者を通じて生々しく観察した時には、この統合体は、すでに一つの原始国家となっていた、と説いて、時間の経過に伴う王権の変容を主張したのである。

上田・井上論争が問題とした「共立」の事例について、牧健二《まきけんじ》「女王卑弥呼等倭の女王国王の共立」（昭和三十六〔一九六一〕年）は、『三国志』烏桓・鮮卑・東夷伝を検討することにより、連邦を形成していた倭国を構成する諸国が、卑弥呼を共立したものである、と主張した。一方、山尾幸久《やまおゆきひさ》「魏志倭人伝の史料批判」（昭和四十二〔一九六七〕年）は、女王「共立」を陳寿の儒教的思想の産物である、としている。

本書もまた、儒教との関わりのなかで、中国史の立場から見た女王「共立」という記録の意味するところを考え、卑弥呼の王権の性格を検討していく。

## 国際的な位置づけ

邪馬台国の理解に際して、東アジア全体に視野を広げて、日本古代国家が成立する際の重要な条件として国際的契機を重視すべきことを説いた者が石母田正《いしもだしょう》である。石母田正『日本の古代国家』（昭和四十六〔一九七一〕年）は、邪馬台国の女王卑弥呼は、二つの顔を持っていた、という。

一つの顔は国内に向いていて、その面では彼女は、「鬼道《きどう》ニ事《つか》エ、能《よ》ク衆ヲ惑ワス」ところのシャーマン的女王として存在する。もう一つの顔は、「親魏倭王」として外部に向いている顔である。後者は、第一に女王の統属下にある二八ヵ国の諸王にたいする対外関係によって、第二にそれらの諸国を代表して中国に対する国際関係によって規定されている。……しかし注意すべきことは、卑弥呼がかかる客観的諸条件にたいして、主体的に対処していると見られることである。邪馬台国と狗奴国との紛争にたいして、女王が帯方郡の太守《たいしゅ》に報告し、それにこたえて魏の使節が詔書《しょうしょ》をもって倭国に来て激励している事実は、それを明瞭にしている。

石母田の提唱した東アジア全体に視野を広げる、国際的な邪馬台国の理解は、西嶋定生《にしじまさだお》の『邪馬台国と倭国―古代日本と東アジア』（平成六〔一九九四〕年）、『倭国の出現―東アジア世界のなかの日本』（平成十一〔一九九九〕年）などに継承されていく。

石母田が主張する卑弥呼が持つとする二つの顔、すなわち、国内に向いている「鬼道ニ事エ」るシャーマン的女王の顔と、外部に向いている「親魏倭王」としての鋭敏な国際感覚を持つ開明的な君主としての顔という理解については、後者の開明的な君主という考え方に疑問が残る。本書では、卑弥呼の国際感覚について、中国史の立場から捉《とら》え直しを試みよう。

## 4　本書の方法論

**裴松之の注と史料批判**

史書に偏向が含まれることは、陳寿の『三国志』に限らない。むしろ、歪みを持たない記録を求める方が難しい。したがって、歴史学は、史料の信憑性《しんぴょう》と正確性を文献解釈により批判する内的史料批判と、史料の出所や伝来過程を調べる文献考証である外的史料批判により、歴史的事実を解明する。

中国史学において、内的・外的な史料批判に基づき、本文の正しさを検証する方法論を自覚的に採用したものは、『三国志』に附せられた裴松之《はいしょうし》の注が最初である。それは、儒教に従属していた「史」が自立するなかで、自らの方法論を模索する試みから生まれた。

陳寿の『三国志』は、同時代史であった。陳寿自らが仕えた蜀漢をはじめとする三国の歴史を、関係者が生存している西晉時代に著した。このため、差し障《さわ》りがあって書けないことも多く、また内容も簡潔に過ぎた。そこで、劉宋《りゅうそう》（四二〇～四七九年）の文帝《ぶんてい》は、裴松之に命じて、『三国志』に注をつけさせた。こうして、元嘉《げんか》六（四二九）年に完成したものが、裴注《はいちゅう》（裴松之の注。以下、裴注と略称）である。

裴松之が完成の際に自らの方法論を示した上奏文によれば、裴注は、①「補闕《ほけつ》」（記事を補う）、②「備異《びい》」（本文と異なる説を引く）、③「懲妄《ちょうもう》」（本文および引用史料の誤りを正す）、④「論弁《ろんべん》」（史実と史書への論評）という四種の体例《たいれい》に基づいて附せられた（裴松之「上三国志注表」）。しかも、四種の体例は組み合わせて用いられる。

たとえば、劉備が諸葛亮に三顧《さんこ》の礼を尽くしたという『三国志』諸葛亮伝の記述に対して、裴注は、諸葛亮が先に劉備を訪ねたことを伝える魚豢《ぎょかん》の『魏略』、司馬彪《しばひょう》の『九州春秋《きゅうしゅうしゅんじゅう》』を附している。これが②備異である。そして、諸葛亮の著した「出師表《すいしのひょう》」を引用して、諸葛亮が先に劉備を訪ねたのではない、と考察する。これが③懲妄である。このように裴注は、異なる内容の史料を掲げ、より信憑性の高い「出師表」に照らして、それらの史料の正確性を考察する内的史料批判を行っている。また、裴注は、たとえば『孫資別伝《そんしべつでん》』という本を引用した際には、それが孫資一族により著されたものであるため、孫資の失態を隠そうとしている、と評する。④論弁は、史料の出所により文献を考証する外的史料批判である。

こうした方法論に基づきながら、裴注は、『三国志』の原材料ともなった、二百十種にも及ぶ当時の文献を引用している。『三国志』は、裴注を得て、その価値を飛躍的に高めたと言えよう。倭人伝についても、裴松之がその終わりに厖大《ぼうだい》な注を付けることによって、陳寿の記述の偏向を際立たせているのである。

## 邪馬「壹」国と景初「二」年

『三国志』は、陳寿が著してから、南宋（一一二七〜一二七九年）で版本《はんぽん》（印刷本）になるまで、約千年間の抄本《しょうほん》（写本）の時代を経て伝わった。まだ裴注も付けられていない、東晋（三一七〜四二〇年）の抄本が六種、西域《さいいき》より出土している。流布して間もないにも拘らず、現行の『三国志』と文字の異同がある。しかも、現行本の文字の正しい場合が多い。抄本の写し手は、人間であるから間違いを犯す。それも、興味を惹《ひ》かない部分は誤りやすい。残念ながら、倭人伝は、愛情を持って写されていなかったようである。

『三国志』の版本のなかで最良とされてきたのは、南宋の紹興本《しょうこうぼん》と紹熙本《しょうきぼん》を組み合わせて影《えい》印《いん》した百衲本《ひゃくのうぼん》である。それを明《みん》の北監本《ほくかんぼん》を校刻した清《しん》の武英殿本《ぶえいでんぼん》、明の南監本《なんかんぼん》を校印した金《きん》陵活字本《りょうかつじぼん》、汲古閣本《きゅうこかくぼん》を校刻した江南書局刻本という三種の本により校勘《こうかん》（文字の誤りを訂正）したものが、中華書局より一九五九年に出版された標点校勘本（現行本）である。そのいずれにおいても、邪馬「臺」国は、邪馬「壹」国と表記されているのである。本書は、附章の原文を除き、原則として常用漢字を用いているので分かりにくいが、「臺」は「台」、「壹」は「壱」であり、まったく異なる文字である。

古田《ふるた》武彦《たけひこ》「邪馬壹国」（昭和四十四〔一九六九〕年）は、「原文をみだりに改定すべきではない」として、内藤湖南以来、史料批判により改めてきた「邪馬壹国（壹を臺に改める）」「景初二年（二を三に改める）」などの字句をそのまま読むべきであるとし、その後、独創的な説を展開して、邪馬壹国を博多湾沿岸の奴国の故地にある、としている。

これに対して、佐伯有清「回顧と展望」（昭和四十四年）は、「現存する古刊本は十二世紀のものに過ぎず、……写本として伝わっていく過程で当然誤写が起こりえた」と批判した。また、尾崎雄二郎《おざきゆうじろう》「邪馬臺国について」（昭和四十五〔一九七〇〕年）は、倭人語を表した漢字は、古田の述べるような「卑字」「貴字」という価値判断を伴ったものではなく、韻書《いんしょ》（発音引きの漢字字書）に並べられた漢字グループのなかから、機械的に最初の漢字を選んだものに過ぎないと述べ、古田説の論拠を否定している。

## 『三国志集解』の見解

こうした『三国志』の文字の異同や記述の矛盾、他の史書との比較や人名・地名・官職の検討などは、清（一六四四〜一九一二年）において古文献を実証的に研究した考証《こうしょう》学者を中心に、多くの成果が積み重ねられてきた。それらをまとめたものが、盧弼《ろひつ》の『三国志集解《さんごくししっかい》』（民国二十五〔一九三六〕年）である。この二ヵ所について『三国志集解』は、次のように述べている。

「邪馬壹国」については、『三国志集解』巻三十 東夷伝 倭人の条の集解に、

『後漢書《ごかんじょ》』は「邪馬壹国」を「邪馬臺国」につくる。「邪馬臺」は、日本語の「太和」という二字の音訳である。ここで「壹」につくることは、誤りである。（黄遵憲《こうじゅんけん》の）『日本国志』に、「神武天皇は太和の橿原《かしはら》で即位した」とある。

とする。内藤湖南と同様、『後漢書』を論拠に「壹」を「臺」の誤りとするのである。穏当な解釈と言えよう。また、「景初二年」について、集解は、

沈家本《しんかほん》は言っている、「『太平御覧《たいへいぎょらん》』に、『景初三年、公孫淵《こうそんえん》が死去し、倭の女王は大夫の難升米《なんしょうまい》たちを派遣して帯方《たいほう》郡に言葉を伝えた』とある。考えてみると、公孫淵は景初二年八月に死去し、淵が死去して倭の使者は始めて通じることができたので、（景初二年は）三年とすべきである。もし、二年六月に（使者が）来れば、そのとき遼東《りょうとう》ではちょうど曹魏と（公孫淵とが）戦っており、曹魏にはまだ帯方太守がおらず、倭の使者が通じることはできなかった。この文章は思うに（景初三年とする）『太平御覧』が（景初二年とする『三国志』よりも）優れている。ただ、公孫淵の死去は二年であるが、これ

を三年と叙述するのは、おそらく倭の使者が通じることのできた理由（である公孫淵の死去）を明らかにしようとして、これを追加して叙述したためであろう。また、考えてみると、（『三国志』の）続きの文に、『その年の十二月、詔書により倭の女王に報じた』云々《うんぬん》とあり、『正始元年、太守の弓遵《きゅうじゅん》は建中校尉《けんちゅうこうい》の梯儁《ていしゅん》たちを派遣して詔書と印綬《いんじゅ》を奉じて倭国に詣《いた》らせた』云々とある。ここでは、景初三年十二月に詔書を下し、（翌年の）正始元年に帯方郡に到着したことになり、年月がたいへん明らかである。もしこれが二年のことであれば、詔書がすでに下っているのに、一年を隔てて帯方郡に到着したことになる。これは二年を三年につくるべき最も明らかな証拠である」と。

という、沈家本の見解を引用する。本書の見解は後述するが、『三国志集解』は、「壹」を「臺」に、「二」を「三」に改めるべきだという。東晋の抄本と比べ、現行本の『三国志』の方が誤りの少ない理由は、こうした校勘によって、誤写を正してきたためなのである。

### 内的史料批判

本書は、清朝考証学者によって行われてきた外的史料批判を踏まえながら、主として内的史料批判に基づき倭人伝を解読することにより、以下の三点を明らかにしていく。

第一に、中国史の立場から行う史料批判に基づき、九州説と大和説を検討する。第二に、儒教との関わりのなかで、女王「共立」という記録の意味するところを考えながら、卑弥呼の王権の性格を検討する。第三に、邪馬台国の国際感覚について、当該時代の東アジアの国際秩序のなかから捉え直しを試みる。

いずれの場合にも、倭人伝の記録が日本の地理や歴史と合致するか否かは、『三国志』にとって二次的な問題に過ぎない。榎説への批判のなかで、三品彰英が述べたように、倭人伝は撰者の考えのように読む必要がある。そのためには、倭人伝だけではなく、『三国志』全体が抱える史料としての性格を踏まえたうえで、倭人伝の理念と事実を分けて論じなければならない。

そこで、第二章では、倭人伝に理念が含まれる内的要因を解明するとともに、倭人が好意的に描かれている状況を示し、第三章では、倭人伝に理念が含まれる外的要因である倭国を取り巻く国際関係を描く。第四章では、理念として描かれている倭国の姿をまとめる。最後に第五章では、九州説・大和説の是非、および卑弥呼の王権の性格と邪馬台国の国際感覚について考えを述べることにしたい。

# 第二章　倭人伝の執筆意図

## 1　『三国志』の特徴

倭人伝の執筆意図を考えるため、陳寿の生涯とその著書である『三国志』の特徴から検討していこう。

### 陳寿の生涯

陳寿は、益州巴西《えきしゅうはせい》郡安漢《あんかん》県（現在の四川省南充《なんじゅう》市）に生まれ、字《あざな》（呼び名）を承祚《しょうそ》という。『晋書《しんじょ》』巻八十二 陳寿伝（以下、陳寿伝）によれば、西晋の恵帝《けいてい》の元康《げんこう》七（二九七）年に六十五歳で卒した。であれば、蜀漢の後主《こうしゅ》（劉禅《りゅうぜん》）の建興《けんこう》（蜀漢の元号。以下、三国時代は、その国ごとの元号を用いる）十一（二三三）年に生まれたことになる。同じ巴西郡出身の譙周《しょうしゅう》に師事し、『尚書《しょうしょ》』「春秋三伝」（『春秋公羊《くよう》伝』『春秋穀梁《こくりょう》伝』『春秋左氏伝』）を修め、『史記』『漢《かん》書《じょ》』に精通したという（『華陽国志《かようこくし》』巻十一 後賢志《こうけんし》 陳寿の条、以下、陳寿の条）。

陳寿は、蜀漢に仕え、東観秘《とうかんひ》書郎《しょろう》・散騎《さんき》黄門侍郎《こうもんじろう》（陳寿の条）、観閣令史《かんかくれいし》（陳寿伝）などの職に就いた。東観秘書郎・観閣令史は、史書の編纂を職務とする。炎興《えんこう》元（二六三）年、蜀漢が滅亡すると、やがて西晋に出仕し、諸葛亮の文集である『諸葛氏集《しょかつししゅう》（丞相諸葛亮集）』を編纂する。孫呉が平定された後、三国の史書を合わせて『三国志』を著したという（陳寿の条）。曹魏の史書とは魚豢の『魏略』と王沈の『魏書』、孫呉の史書とは韋昭の『呉書』である。

張華《ちょうか》は、『三国志』を高く評価して、「『晉書』を任せたい」と褒めたという（陳寿伝）。班《はん》固《ご》・司《し》馬《ば》遷《せん》にも勝る（陳寿の条）と評された陳寿は、平陽侯相《へいようこうしょう》に任命される。

張華はさらに、陳寿を中書郎《ちゅうしょろう》に抜擢《ばってき》しようとしたが、荀勗《じゅんきょく》と張華の対立が陳寿に及び、長《ちょう》広太守《こうたいしゅ》とされた。鎮南将軍《ちんなんしょうぐん》の杜預《どよ》も、陳寿を散騎侍郎《さんきじろう》に推薦したが、治書侍御史《ちしょじぎょし》にとどまった。のち、母の喪で官を去り、遺言に従って母を帰葬しなかったことを不孝と貶《おとし》められ、しばらく官から遠ざかった。やがて、太子中庶子《たいしちゅうしょし》に任ぜられたが病死した（陳寿伝）。

陳寿の伝記を収める『晉書』と『華陽国志』に記述の違いがあり、詳細は明らかでないが、張華と杜預が陳寿を推薦したことは、両書がともに記す事実である。それでは、張華と杜預は、西晉において、いかなる政治的位置を占めるのであろうか。

### 討呉推進派

陳寿を評価した張華は、学業に優れ博識で、なかでも図緯《とい》（予言）と方伎《ほうぎ》（占星・神仙）を好んだ。陳寿は、譙周から讖緯《しんい》（予言）を中心とする蜀学《しょくがく》（益州の経学《けいがく》〔儒教の経典を解釈する学問〕）を受け、また蜀漢の史官として天文にも通じていた。張華が好む学問を身につけていたと言えよう。

張華は、西晋の成立とともに黄門侍郎《こうもんじろう》（皇帝の諮問に応える側近官）として武帝司馬炎《ぶていしばえん》の諮問によく応じ、中書令《ちゅうしょれい》・散騎常侍《さんきじょうじ》（皇帝の秘書長）に出世する。賈充《かじゅう》ら重臣の多くが討呉に反対するなか、武帝は張華と孫呉の討伐を謀《はか》った。討呉の際、張華は、度支尚書《たくししょうしょ》（財政担当官）として軍糧の漕運《そううん》を担当し、戦術を定め、その功績により広武《こうぶ》県侯に封建される。

一方、陳寿を推挙した杜預は、春秋左氏《しゅんじゅうさし》学《がく》を極め、その著『春秋左氏経伝集解《けいでんしっかい》』は、現在でも『春秋左氏伝』解釈の決定版となっている。「春秋三伝」を修めていた陳寿にとって、三伝のなかで史学に近い『春秋左氏伝』の大家である杜預は、仰ぎ見る存在であった。杜預は、武帝が討呉の実務を任せていた羊祜《ようこ》の後任として、鎮南大将軍《ちんなんだいしょうぐん》・都督荊州《ととくけいしゅう》諸軍事となり、自ら兵を率いて孫呉を滅ぼした。杜預が討呉を上奏した時、武帝と碁《ご》を囲んでいた張華が、決断を強く求めることで討呉は実現したのである。

このように、陳寿を推挙した張華と杜預は、ともに西晋における討呉派を代表する人物であった。陳寿は、必然的に討呉を正統化すべき政治的な立場に置かれる。倭人伝に記される邪馬台国の位置が、孫呉の背後とされる理由の一つは、ここにある。

## 曹魏か西晋か

陳寿の『諸葛氏集』は、武帝から高く評価された。ただし、それは政治的な理由による。もちろん、張華も杜預も、旧蜀漢臣下の陳寿を厚遇することにより、孫呉の臣下に西晉への帰順を促すという政治目的を含みながら陳寿を評価したが、そこには陳寿の学問を認める態度があった。これに対して、武帝は、諸葛亮を絶賛する『諸葛氏集』を編纂した陳寿を認めることを通じて、諸葛亮を高く評価することに政治的な意義を求めていた。これが、曹魏の正統を受け継ぐ西晉において、旧蜀漢臣下の陳寿が『三国志』を執筆できた理由である。

武帝の父である司馬昭《しばしょう》もまた、蜀漢を滅ぼした後に、諸葛亮が残した陣形や軍隊の運用方法をわざわざ人を派遣して学ばせている。それは、諸葛亮を評価することが、亮の曹魏への侵攻を防いだ父司馬懿《しばい》の功績を顕彰することに繫《つな》がるためである。

『三国志』は、西晉が禅譲《ぜんじょう》を受けた曹魏を正統とする史書であるが、禅譲の形を取っているとはいえ、西晉は武力により曹魏を奪った国家である。その際、曹魏を守るため司馬氏に抵抗した「忠臣」をどのように扱うべきなのか。正統の曹魏を守るため司馬氏と戦った「忠臣」は、西晉の敵となった「逆臣」でもある。陳寿だけではなく、唐代以降、後の国家が前政権の正史を編纂するたびに、直面した難問である。

たとえば、諸葛亮の一族である諸葛誕《しょかったん》は曹魏に仕え、孫呉に備えて寿春《じゅしゅん》に駐屯していた。司馬昭が曹魏を簒奪《さんだつ》する動きを見せると、諸葛誕は司馬昭に対して兵を挙げる。曹魏の忠臣と言えよう。諸葛誕は敗退したが、数百人の部下は最後まで降服を拒絶して、一人ずつ斬刑《ざんけい》に処された。諸葛誕の忠誠心は、部下が命を棄てて従うほど支持されていたのである。

それでも陳寿は、何の躊躇《ちゅうちょ》もなく、諸葛誕を「逆臣」と位置づける。司馬懿に殺された王《おう》淩《りょう》、司馬師《しばし》（昭の兄）に討たれた毌丘倹《かんきゅうけん》と同じように、志の曲がった者である、と諸葛誕伝の最後に評《ひょう》（陳寿による評価）を付けている。正史としての曹魏の正統性よりも、自分が生きる西晉の正統化を優先しているのである。このように、陳寿の『三国志』には、曹魏にも増して、西晉の皇室司馬氏を賛美する、という政治的要請に基づく曲筆がある。倭国の表現に、強い関心を抱いた理由も、司馬氏の賛美のためである。

## 曹真の功績を隠蔽

武帝の祖父司馬懿は、曹魏の基盤をつくった曹操《そうそう》には警戒され、その存命中に重用されることはなかった。曹魏を建国した文帝曹丕《ぶんていそうひ》（曹操の嫡長子）の「四友」として勢力を伸長し、撫軍大将軍《ぶぐんだいしょうぐん》となって初めて兵を率いた。だが、その兵力はわずか五千に過ぎなかった。太和《たいわ》元（二二七）年、文帝を継いだ明帝から都督荊豫《ととくけいよ》二州諸軍事を加えられ、方面軍司令官としての資格を得たが、それは荊州と豫州を管轄して呉に備えるものであった。司馬懿が曹魏で第一人者となるのは、蜀漢の侵攻に対処していた曹真《そうしん》の死後なのであった。

曹真は、曹操の族子《ぞくし》（おい）である。諸葛亮の第一次北伐《ほくばつ》により、天水《てんすい》・南安《なんあん》・安定《あんてい》の三郡が奪われると（建興六〔二二八〕年、〔魏の太和二年〕）、大将軍《だいしょうぐん》（将軍の最高位、政権担当者が就任することが多い）として郿《び》県に陣を布いた。張郃《ちょうこう》が街亭《がいてい》で馬謖《ばしょく》を破ると、三郡を奪回する。翌年（太和三〔二二九〕年）春、曹真の予想どおり、諸葛亮が陳倉《ちんそう》に攻めよせたが（第二次北伐）、あらかじめ備えを固めていた守将の郝昭《かくしょう》の奮戦により、これを撃退する。太和四（二三〇）年、洛陽《らくよう》に参内して大司馬《だいしば》（大将軍の上位にあたる政権担当官）に昇進する。

以上『三国志』曹真伝に従って、官歴を追っていくと、太和四年の昇進理由が不自然であることに気づく。曹真伝は、第二次北伐を撃退した功績による出世と読めるように、故意に触れていないが、太和三年十二月には、亮の第三次北伐により武都《ぶと》・陰平《いんぺい》の二郡を奪われている。諸葛亮は、この功績により丞相《じょうしょう》に復帰している。ところが敗戦の責任を負うべき曹真が、翌年、大司馬に昇進しているのである。第三次北伐での敗戦をも超える功績を挙げていたと考えざるを得まい。

それが、大月氏《だいげっし》国《こく》を朝貢させた功績である。明帝が、曹魏に朝貢してきた、カニシカ王の孫にあたる大月氏国の波調《はちょう》王（ヴァースデーヴァ王）を「親魏大月氏王」に封建したのは、太和三年十二月のことである。この功績により、曹真は、太和四年、洛陽に戻って大司馬に昇進したのである。第三章で詳述するが、諸葛亮は、自ら軍を率いて北伐するとともに、チベット系の氏《てい》族や西域の異民族との連携を進めていた。

曹真の最大の功績は、これらの異民族が蜀漢に呼応しないよう、その背後の大国である大月氏国を朝貢させたことである。この大功に比べれば、武都・陰平を局地戦で失った程度の失態は覆われてしまう。陳寿は、大月氏国の入朝に最も功績のあった曹真の列伝に、これを記載しない。それは、曹真の子曹爽《そうそう》が、司馬懿最大の政敵となったためである。

## 司馬懿の功績を宣揚

曹真が病により死去すると、司馬懿が諸葛亮との戦いの指揮を取ることになる。太和五（二三一）年、諸葛亮が第四次北伐により天水郡に侵入すると、司馬懿は大将軍として、かつて曹真が帯びていた都督雍涼《ようりょう》二州諸軍事を加えられて、長安に駐屯する。このとき明帝は、「君でなければ託せる者はいない」と言って、司馬懿に諸葛亮との戦いを委《ゆだ》ねたという（『晉書』宣帝紀《せんていき》）。司馬懿の持久戦が功を奏し、諸葛亮は兵糧が続かずに撤退する。

建興十二（二三四、魏の青龍《せいりゅう》二）年、諸葛亮が第五次北伐を行い五丈原《ごじょうげん》に進撃すると、司馬懿は再び持久戦を強《し》いる。動こうとしない司馬懿に、諸葛亮は婦人の頭巾《ずきん》と着物を贈りつけ、戦う勇気のなさを辱《はずかし》めた。司馬懿は、使者に諸葛亮の近況を尋ね、寝食を忘れた仕事ぶりから、その死去が近いことを覚《さと》る。果たして八月、諸葛亮は陣没する。司馬懿は、亮の陣営を調査して「天下の奇才である」と感嘆したという。

景初二（二三八）年正月、司馬懿は、明帝の命を受け、公孫淵の討伐に洛陽を出発し、六月、遼東に到着すると、八月には公孫淵の都襄平《じょうへい》城を陥《おと》し、公孫氏を滅ぼした。卑弥呼の遣使は、これと深い関わりを持つ。こののち、司馬懿は、正始の政変により、司馬懿の権力を奪おうとした曹爽を打倒し、曹魏の朝廷を掌握する。孫の司馬炎が、曹魏を滅ぼし西晋を建国できたのはこのためである。

すなわち、倭人伝の記述には、諸葛亮を防いだことと並ぶ司馬懿の二大功績の一つである、遼東の公孫氏を滅ぼしたことを顕彰する意図が含まれるのである。卑弥呼の朝貢は、司馬氏の始祖である司馬懿の功績として大書されるべき事柄であった。倭人伝が偏向を含む最大の理由は、ここにある。

## 2　卑弥呼の朝貢年

### 司馬懿の徳か、曹爽の徳か

ただし、卑弥呼の朝貢を司馬懿と結びつけることは、現行の『三国志』だけでは、岡田英《おかだひで》弘《ひろ》が言うほど簡単ではない。岡田英弘『倭国―東アジア世界の中で』（昭和五十二〔一九七

七〕年）は、

〔倭の〕過大な里数や戸数は、二三九年に倭の女王卑弥呼に「親魏倭王」の称号を贈った時のいわば建て前である。これは司馬懿の面子《メンツ》を立てるために行われたことであった。司馬懿の孫の晋の武帝の修史官である陳寿としては、いかにそれが事実でないと知ってはいても、正史である『三国志』に本音を書くわけにはいかなかった。現帝室の名誉に関わる問題だったからである。

と述べている。しかし、卑弥呼の最初の朝貢については、南宋版以来の『三国志』に記される景初二（二三八）年説と、『日本書紀』に引用される倭人伝の景初三（二三九）年説とが並立している。実はその両説ともに、直接的には司馬懿と卑弥呼との関係を実証しない。

卑弥呼の遣使を景初二年六月とすると、遼東《りょうとう》・朝鮮半島は、いまだ戦争中である。そのことは、すでに掲げた『三国志集解』に引く沈家本が、「二年六月に〔使者が〕来れば、そのとき遼東はちょうど曹魏と〔公孫淵とが〕戦っており、曹魏にはまだ帯方太守がおらず、倭の使者が通じることはできなかった」と述べている。戦争中の遣使は、軍を率いる太尉《たいい》〔三公の筆頭〕司馬懿の徳を言祝《ことほ》ぐものにはならない。

これに対して、景初三年六月であれば、卑弥呼は司馬懿が公孫氏を滅ぼしたことを契機に、司馬懿の功績を言祝ぎ、その徳を慕って使者を派遣したことにもなろう。ただし、厳密に言えば、景初三年二月に、司馬懿は太尉より太傅《たいふ》（上公、天子のお守り役）に昇進するとともに、政治の実務からは離れていた。実権を握っていた者は、大将軍の曹爽なのである。理屈で言えば、卑弥呼の使者は、政権を掌握していた曹爽の徳を言祝ぐものとなる。

## 西晉の認識

それでも、岡田の主張が正しい理由は、陳寿の生きた西晉が、これを司馬懿の功績と認識していたことにある。現行の『晉書』は、編纂こそ唐代であるが、「十一家晉書」と呼ばれるその原史料には、多くの同時代史料が含まれる。『晉書』では、司馬懿こそが、卑弥呼の朝貢をもたらした者である、と明記されている。

正始元（二四〇）年春正月、東倭が、通訳を重ねて朝貢を納めた。焉耆《えんき》・危須《きしゅ》の諸国、弱水《じゃくすい》より以南、鮮卑《せんぴ》の名王も、みな使者を派遣して（朝貢を）献上に来た。天子（曹《そう》芳《ほう》）はその美（徳）を宰輔《さいほ》（宰相である司馬懿）に帰し、また宣帝（司馬懿）の封邑《ほうゆう》を増した。（『晉書』巻一　宣帝紀）

正始元年春正月は、使者に制詔《せいしょう》が下された景初三（二三九）年十二月の二ヵ月後となる。明帝崩御の後、曹魏は明帝が改めた建丑《けんちゅう》の月（十二月）を正月とする暦から、建寅《けんいん》の月（一月）を正月とする暦へと変更することに伴い、十二月の後に閏月《うるうづき》として後十二月を置き、その翌月を正始元年正月としていたからである。

卑弥呼の使者は、景初三年十二月に制詔を受けていたが、改元した正月に再び天子の曹芳に謁見したと考えてよい。したがって、この記録は、第一に、卑弥呼の使者が景初二年ではなく、三年六月に帯方郡、十二月には洛陽に着いていたことを示す。また、第二に、倭国以外の夷狄の朝貢とともに、曹魏の天子である曹芳が異民族の来貢の「美（徳）を宰輔《さいほ》（宰相である司馬懿）に帰」した、と西晋が認識していたことを表現している。

実のところ、景初三年二月から、司馬懿は太傅となり、政治の実務からは離れていたが、軍権は掌握したままであった。司馬懿が曹爽打倒のため、政権から離脱するのは、正始八（二四七）年五月であり、病と称して政治に関与しなくなった、との記事が『晋書』宣帝紀に見える。

そもそも、司馬懿が遼東の公孫氏を滅ぼしたことにより、倭の使者が至ったのであるから、西晋において、その功績を曹爽ではなく司馬懿に帰すのは当然と言えよう。陳寿が『三国志』を著した西晉では、卑弥呼の朝貢は、曹爽ではなく、司馬懿の功績に基づき行われたと認識されていたのである。こうした晉代の認識は、宣帝紀以外にも見られる。

宣帝（司馬懿）が公孫氏を平定すると、倭の女王は使者を派遣して帯方郡に至らせ朝見し、その後、朝貢することが絶えなかった。文帝《ぶんてい》（司馬昭）が（曹魏の）宰相となるに及び、またしばしば（倭の使者が）至った。泰始《たいし》年間（二六五〜二七四年）のはじめ、（倭は）使者を派遣して通訳を重ね朝貢した。（『晉書』巻九十七　四夷《しい》伝　倭人の条）

ほかならぬ『晉書』の倭人の条において、卑弥呼が使者を派遣した原因は、宣帝司馬懿が公孫氏を平定したことに求められている。

こうした認識のもと、西晉で『三国志』を著した陳寿の執筆意図は、卑弥呼の遣使が景初三年でなければ達成されない。景初二年八月に完了した遼東の公孫氏征討の結果、司馬懿の徳を慕って、卑弥呼が使者を派遣してきた。こうした陳寿の執筆意図に従えば、『日本書紀』に引かれた倭人伝の景初三年が正しいと考えるべきなのである。

## 3　唯一の夷狄伝

### 史学と儒教

中国の正史の始まりである『史記《しき》』は、司馬遷《しばせん》から見ても千五百年以上むかしの殷《いん》の王位継承や殷墟《いんきょ》の位置をほぼ正確に伝えている。『三国志』もまた、曹操の高陵《こうりょう》の位置を伝えているが、ほぼそのあたりから、曹操の墓ではないかと思われる西高穴《にしこうけつ》二号墓が発見された（渡邉義浩〔監訳〕『曹操墓の真相』平成二十三〔二〇一一〕年を参照）。ちなみに、同墓からは、鉄製の刀や鏡が発掘されている。これまで、曹魏の鉄器の出土例は少なく、卑弥呼が賜与されたという文物との比較研究は進んでいなかった。鉄器の成分分析などが進めば、考古学的に邪馬台国論争を進展させる可能性を持つ。

このように、『史記』だけではなく『三国志』も、正確な部分はきわめて正確なのである。それにも拘らず、倭人伝が儒教理念に覆われているのは、いまだ史学が儒教（経学）から自立していなかったためである。たしかに魏晉のころから、四部分類《しぶぶんるい》（経《けい》〔儒教〕・史《し》〔史学〕・子《し》〔哲学〕・集《しゅう》〔文学、その他〕）と呼ばれる学術の分類法の原型が生まれ始める。目録学の分類上は、史学というジャンルが成立しつつあった。しかし、史学独自の方法論である史料批判は、劉宋の裴松之に始まる。内的・外的な史料批判を通じて、史実の正しさを追求していく、という史学独自の方法論のもと、陳寿は『三国志』を著しているわけではない。儒教理念の要請があれば、その記述は、大きく偏向するのである。

殷墟に関する記事が正確な『史記』も、項羽《こうう》と劉邦《りゅうほう》の争いの叙述は怪しい。劉邦の軍に四《し》面楚歌《めんそか》されるなか、やがて全滅する項羽軍の陣内で虞美人《ぐびじん》を前に、「力　山を抜き、気は世を蓋《おお》う」と歌う項羽。その歌を誰が記録して司馬遷に伝えたのか、と考えていくと、「虞や虞やなんじを如何《いかん》せん」で終わる項羽の歌は、司馬遷が取材した項羽劇のアリア（クライマックスで主人公が歌う劇中歌）と想定できる。項羽本人の歌である可能性は、ほぼ消える。

そうした物語的な『史記』に対して、記述の正しさを尊重されてきた『漢書』も、いまだ儒教から史学が自立していないため、前漢武帝期に董仲舒《とうちゅうじょ》の献策により太学《たいがく》に五経博士が置かれた、という怪しい記事を伝えてきた。儒教を宣揚するためである。

『三国志』においても、史学は儒教の枠内にある。儒教において天子の徳を表現するために重要な位置を占める夷狄伝のなかで、最も字数が多い、言い換えれば重要な記録と考えられたものが倭人伝である。その記録が儒教理念に彩られることは仕方あるまい。正史において、夷狄伝は、儒教に基づく中華思想を展開する場なのである。

## 中華思想と四夷伝

儒教の対外思想の中核をなす中華思想は、中華を支配する天子が徳を修めることにより、「東夷《とうい》・西戎《せいじゅう》・北狄《ほくてき》・南蕃《なんばん》」という四方の夷狄が、中華の徳を慕って朝貢する、という自国の優越性を説く思想である。類似の思想は、古代のギリシア・エジプト・インドなどにも見られるが、それらと中華思想との違いは、「徳」の介在にある。中華思想は、天子の徳が四方に波及すればするほど、遠くの夷狄が中国に帰服すると説くのである。

こうした儒教の中華思想を表現するため、正史は北狄・南蛮・西戎・東夷の四夷《しい》伝を備える必要性を持つ。それが理念に基づき整備されたのは、劉宋の范曄《はんよう》が著した『後漢書《ごかんじょ》』である。

『史記』は、匈奴《きょうど》列伝（北狄）、南越《なんえつ》列伝・東越《とうえつ》列伝・西南夷《せいなんい》列伝（南蛮）、朝鮮《ちょうせん》列伝（東夷）、大宛《だいえん》列伝（西戎）と豊富な異民族伝を持つものの、それを四夷に整理するという発想がない。いまだ、儒教が国教化されていない前漢武帝期の著作だからである。『漢書』は、匈奴伝（北狄）、西域《さいいき》伝（西戎）はともに上下巻から成り充実しているが、西南夷・両粤《りょうえつ》・朝鮮伝（南蛮・東夷）はあわせて一つとバランスに欠ける。匈奴の脅威と西方での戦いがあまりに大きかったためである。

これに対して、『三国志』は、倭人伝を含む巻三十　烏桓・鮮卑・東夷伝が、唯一の夷狄伝である。烏桓・鮮卑が、北狄にあたるため、四夷のうち、南蛮・西戎を欠くことになる。南には孫呉や蜀漢が存在するため、南蛮伝を欠くことはやむを得ない。問題は、西戎（あるいは西域）伝がないことである。その理由について、陳寿は、次のように説明している。

魏が興ると、西域のすべての地域から使者が来るというわけではないが、それでもその中の大国である亀茲《きじ》・于窴《うてん》・康居《こうきょ》・烏孫《うそん》・疎勒《そろく》・月氏《げっし》・鄯善《ぜんぜん》・車師《しゃし》といった国々からの朝貢がない年はなく、ほぼ漢の時と同じようであった。（『三国志』巻三十　東夷伝　序、以下、『三国志』巻三十　東夷伝は、東夷伝と略称）

東夷伝の序のなかで、陳寿は、西戎（西域）伝を記さない理由を西域の諸国から「朝貢がない年はなく、ほぼ漢の時と同じようであった」ためである、とする。特別に記すべきことはない、というのである。これが曲筆であることは、第三章で検討する劉禅の詔より分かる。要点だけ掲げておくと、「涼州《りょうしゅう》の諸国の王が、月氏・康居などの異民族の首長二十余人を派遣して、（諸葛亮の第一次）北伐に際してその先駆となることを申し入れた」と、蜀漢では認識していた。これを伝える『諸葛亮集』は、陳寿その人の編纂である。西域の異民族が、漢の時と同じように、曹魏に朝貢していたはずはないことを陳寿は熟知していた。

## 裴松之の指摘

陳寿があえて、西域伝を立てなかったという偏向に、裴松之は気づいていた。このため、裴注は、東夷伝の最後に、『魏略』の西戎伝を長々と引用することにより、陳寿の偏向を補っている。

裴松之が引用する『魏略』西戎伝は、建安《けんあん》十六（二一一）年に、馬超《ばちょう》と結んで反乱を起こし、曹操の部下夏侯淵《かこうえん》に敗れた白頃氏《はくけいてい》（仇池《きゅうち》付近に住んでいた氐族《ていぞく》）の王である千万《せんばん》が、蜀に亡命し、武都《ぶと》・陰平《いんぺい》の二郡に氐族が居住することから記述が始まる。

陳寿が『三国志』に西戎伝を立て、これを記述すれば、蜀漢がなぜ敗残の馬超を重用し、第三次北伐でなぜ諸葛亮が武都・陰平の二郡を陳式《ちんしょく》に奪わせたのか、という問いの答えとなる。蜀漢と氐族との深い関わりを明らかにできる、旧蜀漢臣下の陳寿にとっては、書きたい話題なのである。しかし、これを書くと、先に掲げた劉禅の詔に触れざるを得なくなる。涼州方面の異民族は、こうした事情で蜀漢に呼応する可能性があったのである。このために、諸葛亮のみならず姜維《きょうい》もまた、北伐で涼州を奪おうとした。

曹魏は、後述するように、蜀漢の涼州進出を抑止するために、大月氏国に「親魏大月氏王」という称号を与えた。事実、『魏略』西戎伝は、西方諸州の街道が安定しないことを説いたうえで、西域の南道の罽賓《けいひん》国・大夏《たいか》国・高附《こうふ》国・天竺《てんじく》国（インド）が、みな大月氏の支配下に入っていることを述べる。しかも、前漢の哀帝《あいてい》の元寿《げんじゅ》元（前二）年、中国に浮屠《ふと》（仏教）の経典を伝えたのも、大月氏王の使者であった、という重要な事実も記されている。

さらに、天竺の東南数千里にある盤越《ばんえつ》国は、益州に近く、蜀の商人たちが出かけているとの記述もある。いわゆる「西南シルクロード」である。諸葛亮は、この道を使って、益州の特産物である蜀錦《しょくきん》を輸出していた。それを抑えるためにも、天竺を支配する大月氏国と結ぶことは、曹魏にとって重要な外交戦略であった。

このほか、『魏略』西戎伝には、大秦《だいしん》国（ローマ）の詳細な情報も含まれ、列伝を立てるに十分な分量があった。それにも拘らず、陳寿が西戎伝を立てなかった理由は、大月氏国を「親魏大月氏王」に封建した功績が司馬氏と結びつかないためである。

陳寿は、西戎伝を省いたことを気にしていたようで、東夷伝の序のほかにも、言い訳を用意している。

『史記』や『漢書』は朝鮮や両越（ヴェトナム）のことを記し、後漢の史書（である『東《とう》観漢記《かんかんき》』）は西羌《せいきょう》のことを記している。曹魏の時代に匈奴はだんだんと勢力が衰え、代わって烏桓・鮮卑、さらには東夷までが現れて、使者や通訳が時折（この地域に）往来するようになった。歴史の記述は、それぞれの時代に起こったことを記録していくものであって、扱わなければならない対象は常に定まっているわけではない。（東夷伝　評）

『三国志』巻三十　烏桓・鮮卑・東夷伝は、この評で終わる。田村専之助《たむらせんのすけ》「魏略魏志東夷伝の性質」（昭和十五（一九四〇）年）が明らかにしているように、『魏略』には、烏桓・貲虜《しりょ》・夫余《ふよ》・沃沮《よくそ》・高句麗《こうくり》・濊《わい》・辰韓《しんかん》・倭人・挹婁《ゆうろう》・南蛮・西戎の記録があり、王沈の『魏書』にも、北狄伝と西戎伝があった。これに比べると、陳寿の『三国志』が異民族伝について、大きな偏向を持っていることが理解できよう。

### 東夷伝執筆の意図

陳寿は、『三国志』魏書の種本とした『魏略』のなかに、西戎伝があるにも拘らず、烏桓・鮮卑・東夷伝のみを立てた。それは、景初年間（二三七～二三九年）に、司馬懿が公孫淵を滅ぼすことにより、東夷の民が中国の命令に従ったことを強調するためである。

（西方が何事もなかったことに対して、東方は）公孫淵が父祖三代にわたって遼東《りょうとう》の地を領有したため、天子はそのあたりを絶域《ぜついき》と見なし、海の彼方のことと放置され、その結果、東夷との接触は断たれ、中国の地へ使者のやってくることも不可能となった。景初年間、大規模な遠征の軍を動かし、公孫淵を誅殺すると、さらにひそかに兵を船で運んで海を渡し、楽浪《らくろう》と帯方《たいほう》の二郡を攻め取った。これ以降、東海の彼方の地域の騒ぎも静まり、東夷の民たちは中国の支配下に入って、その命令に従うようになった。（東夷伝序）

陳寿が、東夷伝最大の字数を費やして倭国の条を執筆した理由は、景初年間に公孫淵を滅ぼした司馬懿の功績を称揚するためなのである。司馬懿の功績の結果、遠方より朝貢に来た倭国は、礼儀の備わった国でなければならない。こうした目的に基づき、倭国は理念的に、しかも好意的に描かれていく。

## 4　倭国への好意

### 棺はあるが槨はない

東夷伝の序は、『春秋左氏伝』を典拠とする次のような記述で終わる。

これらは夷狄の邦《くに》ではあるが、俎豆《そとう》（祭器、転じて祭祀の意）の具体像が残っている。（孔子は）「中国に礼が失われた時に、これを四方の夷狄に求めるということだが、（それは）やはり本当である」と言った。それゆえこれらの国々を順番に記述し、それぞれ異なった点を列挙して、これまでの史書に欠けているところを補っていこう。（東夷伝 序）

『春秋左氏伝』昭公《しょうこう》伝十七年に、「（孔子は）天子の官制が廃《すた》れてからは、その学問は（郯子《たんし》のような）四方の夷人が心得ているということだが、やはり本当である（と言った）」とあり、東夷伝の序は、基本的にはこの文章を踏まえている。ただし、廃れたものは「官（官制）」である。礼については、『漢書』巻三十六 劉歆《りゅうきん》伝に、「礼が失われれば、これを野《や》に求む」とあり、これも踏まえた文章と言えよう。また、『礼記《らいき》』雑記篇下に、

孔子は、「（『論語』微子《びし》篇に見える世を避けた隠者である）少連《しょうれん》と大連《だいれん》は、よく喪に服した。（最初の）三日間は、作法を守って少しも怠らず、（埋葬までの）三ヵ月間は少しも礼に違《たが》わず、一年後（の小祥《しょうしょう》の祭り、練祭《れんさい》）には悲哀を新たにし、三年後（喪が明けても）なお憂いていた。しかも（少連と大連の）二人は東夷の人である」と言った。

とあり、少連と大連という「東夷」の二人が、よく喪に服したことを孔子が称《たた》えている記述がある。後述するように、倭人伝は、倭人が埋葬し終わり、一家をあげて水中に入り澡浴《そうよく》するさまは中国の「練沐《れんもく》」のようである、と述べている。孔子が称えた東夷の少連と大連が、見事な服喪の礼を見せたように、中国の喪礼《そうれい》が倭人に伝わっている、とするのである。

こうした中国における礼の伝承と残存を意識している記述を掲げていこう。

飲食には高杯を用いて、手で食べる。［2―（3）］

高杯《たかつき》（原文は「籩豆《へんとう》」）を用いて食事をすることは、倭国だけではなく、東夷に広く普及していた。それでも、挹婁《ゆうろう》は、高杯（原文は「俎豆《そとう》」）を食事に使わず、東夷のなかで最も無規律なものたちである、と陳寿に批判されている。挹婁は、夫余の東北千余里にいるというが、古《いにしえ》の粛慎《しゅくしん》国（周の武王の時に矢を貢いだとされる〔『史記』巻四十七 孔子世家《せいか》〕）である。高杯を使うことだけを見れば、『史記』以外の古典にも多く記される粛慎国の後裔《こうえい》よりも、倭国の方が中国の礼を継承していることになる。

その遺体には、棺はあるが槨はなく、盛り土をして塚をつくる。［2―（3）］

考古学の研究成果では「甕棺《かめかん》」の記述とされている「棺《かん》はあるが槨《かく》はない」という倭国の墓葬の記録は、『論語』先進篇《せんしん》に、「(孔子の子である)鯉《り》が死んだ時、(その墓には)棺はあるが槨はない(ほど薄葬であった)」とある、孔子が子の鯉を葬った話を典拠とする。槨(棺《ひつぎ》の外側につくる棺を保護する覆い)があることは厚葬であった。曹操が死に臨み薄葬を命じるほど(ただし、曹操高陵とされている西高穴二号墓では、石槨が発見されている)、薄葬が尊重された風潮のなかで、陳寿は『三国志』をまとめている。倭の墓葬は、高く評価されているのである。

これとは逆に、東夷伝 夫余の条に、「(墓葬は)厚葬で、槨《かく》はあるが棺《かん》はない」とあり、韓の条にも、「槨はあるが棺はない」とある記述は、棺がないという文化の不十分さを指摘するとともに、槨がある厚葬を貶《おとし》めているのである。また、東夷伝 高句麗の条には、高句麗が「厚葬」であったと貶められている。

さらに、東夷伝 東沃沮《とうよくそ》(高句麗の東に居住する民族)の条には、「大きな木製の槨をつくる。その長さは十余丈《じょう》(二十三メートル余り)もあり、一方を開けておいて入口とする。死者が出るとみな一度仮の埋葬を行い、死体がやっと隠れる程度に土をかけて、皮や肉が腐ってしまってから、骨をひろい集めて槨のなかに入れる。一つの家族の骨はみな同じ槨に納められる」と記されている。これは、東沃沮の墓制を称えているわけではない。陳寿は、東沃沮の「人々の本性は質朴で飾り気がない」と述べている。礼から遠いとするのである。

**礼の伝承**

倭人伝は、中国の葬礼に準《なぞら》えて、倭人の葬礼を記述している。倭人に中国の礼が伝承されていることを示すためである。

人が死ぬとはじめ遺体を家に停《とど》め喪すること十日間あまり、この時には肉食をせず、喪主は哭泣《こくきゅう》し、その他の人々は歌舞《かぶ》し飲食する。すでに埋葬しおわると、一家をあげて水中に入り澡浴《そうよく》するさまは、（中国における）練沐のようである。〔2－（3）〕

練沐《れんもく》とは、練（後述）の時に行う沐浴である。孝を尊重する儒教では、親族の喪に服することをきわめて重視する。このため服喪は、現在の日本でも、年賀状の欠礼という身近な慣習として残っている。喪服《そうふく》とは、もともとは喪中に着る麻製の衣服を指す言葉であるが、広くは衣食住にわたる一般的な謹慎生活の等級を指す。それは、死者との親近関係により、五等級に分けられており、それを五服《ごふく》という。『儀礼《ぎらい》』喪服篇によれば、五服は、

斬衰《ざんさい》（三年の喪に服す。父・天子などが亡くなった場合）
斉衰《しさい》（三年の喪に服す。父の没後の母の場合。ただし、父が存命であれば一年）
大功《たいこう》（九ヵ月の喪に服す。従父昆弟《じゅうふこんてい》〔父方の男子のいとこ〕などの場合）
小功《しょうこう》（五ヵ月の喪に服す。従祖祖父母《じゅうそそふぼ》〔祖父の昆弟〕などの場合）
緦麻《しま》（三ヵ月の喪に服す。族曽祖父母《ぞくそうそふぼ》〔祖父の伯・叔父母〕などの場合）

となる。その謹慎生活は、たとえば斬衰の場合、死去より三年までの間で、段階的に軽くなる。死後、一周年で行う小祥《しょうしょう》の祭りは、大きな区切りで、練《ね》り絹《ぎぬ》の中衣《ちゅうい》を着て、練冠《れんかん》をかぶる（『礼記』檀弓《だんぐう》篇）。このため、小祥の祭りを「練」という。『礼記』雑記《ざっき》篇下に、

喪に服している者は、小功以上の喪（斬衰・斉衰・大功・小功）であれば、虞祭《ぐさい》（埋葬が終わって家に帰り、その霊を殯宮《ひんきゅう》に安んずる祭り）・附祭《ふさい》（祔祭《ふさい》。死者の霊を祖廟《そびょう》に合祀《ごうし》する祭り。虞祭の翌日に行う）・練祭《れんさい》・祥祭《しょうさい》（大祥。三周年〔二十五ヵ月目〕の祭り）の時を除いては、沐浴しない。

とあるように、練祭の時には、服喪中では例外的に沐浴することができた。倭人の葬礼では、「遺体を家に停め喪する」殯《かりもがり》を十日間行い、そのあと埋葬して沐浴しているので、本来、この沐浴は、虞祭や附祭に際して行われているもののはずである。それを「練」の時の沐浴のようであると表現したのは、それが「澡浴《そうよく》」であったためであろう。倭人伝のこの部分は、『晉書』巻九十七 四夷《しい》伝 倭人の条には、

すでに埋葬し終わると、一家をあげて水中に入り、澡浴して自ら潔《きよ》めて、それによって不祥を除いた。

と表現される。「澡浴」は、自らを潔めて不祥を除くための沐浴なのである。喪礼が段階的に軽くなるのは、悲しみに節度をつけるためである（『礼記』檀弓篇）。一周年の小祥（練）は、深い悲しみをはらって通常の生活に戻るための節目であった。そのための沐浴は、「不祥を除く」ものである。したがって、倭人伝は、倭人の葬礼後の沐浴を「練沐」と表現したのである。

こうした中国の礼の継承は、中国に近ければ近いほど進んでいたはずである。陳寿も韓族の記述のなかで、東夷伝 韓の条に、

かれらのうち北部の（楽浪や帯方）郡に近い国々の者たちは、いささか礼儀やならわしをわきまえているが、郡から遠く離れた所に住む者たちは、まったく囚徒《しゅうと》や奴婢《ぬひ》が集まっているような状態である。

と述べている。倭国は、最果ての「荒服《こうふく》」からさらに離れた遠方の国家でありながら、中国の礼を継承している。しかも、継承するだけではなく、それは教化に繋がっている。

**長幼・男女の別**

倭国の習俗について陳寿は、倭には「家屋」があり、「寝るときにそれぞれ場所を別にしている」という。

家屋があり、父母兄弟は、寝るときにそれぞれ場所を別にする。朱《しゅ》や丹《たん》をその身体に塗ることは、中国で白粉《おしろい》を用いるようなものである。〔2—（3）〕

礼に基づき教化された生活風習と言えよう。これに対して、東夷伝 高句麗の条には、「山や谷に沿って、それを住まいとしている」とあり、東夷伝 挹婁の条には、「山や林の間におり、いつも穴に住んでいる」とある。家屋には住んでいないのである。また、東夷伝 韓の条にも、「いる場所には、草屋や土室を作る。形は塚〔墓〕のようで、その戸は〔墓のような草屋・土室の〕上にあり、一家をあげて一緒になかにおり、長幼・男女の別はない」とある。日本でも発掘される竪穴《たてあな》式住居を中国人が表現すると、このようになるのであろう。日本の集落もこれがほとんどであったにも拘らず、倭人は家屋に住んでいるとするのである（ただし、後述する纒向遺跡の盛期には、竪穴式住居は発見されていない）。

高句麗や韓は、倭よりも中国との接触が古く、頻繁である。常識的に考えれば、倭よりも中国の文化を受け入れているはずであるが、東夷伝はそれを認めない。中国との関係が急速に悪化していた韓族を「長幼・男女の別はない」と蔑《さげす》む一方で、倭を中国同様「長幼・男女の別」のある礼により教化が行き届いた国と描いているのである。

また、女性が嫉妬《しっと》をしないことを称賛している。

> 倭の習俗では、国の大人《たいじん》〔身分の高い人〕はみな四、五人の妻（を持ち）、下戸《げこ》〔身分の低い者〕でも二、三人の妻（を持っている）。婦人は乱れず、嫉妬しない。〔2―(8)〕

これに対して、東夷伝 高句麗の条は、「その風俗は淫乱《いんらん》である」とする。また、東夷伝 夫余の条は、「男女が密通したり、女性が嫉妬深かったりした時は、ともに死刑に処せられる。特に嫉妬が嫌われ、死刑に処した後、その死体を都の南の山上に持っていってさらし、腐乱するにまかせる。女の家の者がその死体を引き取りたいと思う時には、牛や馬を納めてはじめて死体が返される」と記述する。

嫉妬が嫌われる理由は、家の存続と関わる。嫉妬のため夫が妾《めかけ》を取らず、妻に子が生まれなければ、祖先の祭祀は絶える。中国ではこれ以上の不孝はない。『三国志』巻六 袁紹《えんしょう》伝の注に引く曹丕《そうひ》の『典論《てんろん》』は、袁紹の妻が嫉妬のため、袁紹の妾五人を皆殺しにしたうえで死体を損壊し、末子の袁尚《えんしょう》を寵愛《ちょうあい》したことを批判する。

倭国の女性が乱れず、嫉妬しないことは、倭国に対する高い評価なのである。

### 恵まれた自然

倭国は、中国の礼を継承し、教化が行き届いていていただけではない。その自然条件も恵まれていた。

倭の地は温暖で、冬でも夏でも生野菜を食べ、皆はだしである。［2―（3）］

これは、第四章で述べるように、陳寿が倭国の位置を会稽《かいけい》郡東治《とうや》県の東方にまで南下させたため、温暖な気候であるべきと考えられたのかもしれない。もろちん、使者の報告書に基づく可能性もある。また、倭国の特産物の多さも、特筆されている。

　真珠と青玉《せいぎょく》〔ひすい〕を産出する。倭の山には丹《たん》〔丹砂、水銀と硫黄《いおう》の化合物〕がある。倭の木には柟《だん》〔くすのき〕・杼《ちょ》〔くぬぎ〕・豫樟《よしょう》〔くすのきの一種〕・楺《じゅう》〔ぼけ〕・櫪《れき》〔くぬぎ〕・投橿《とうきょう》〔かし〕・烏号《うごう》〔くわ〕・楓香《ふうこう》〔かえで〕がある。倭の竹には篠《しょう》〔しの〕・簳《かん》〔やたけ〕・桃支《とうし》〔かずら〕がある。薑《きょう》〔しょうが〕・橘《きつ》〔こうじ〕・椒《しょう》〔さんしょう〕・蘘荷《じょうか》〔みょうが〕があるが、滋味〔ある食べ物〕とすることを知らない。獮猴《みこう》〔さる〕・黒雉《こくち》〔くろきじ〕がいる。〔2―(5)〕

これに対して、東夷伝 韓の条には、「特別な珍宝は産出しない。禽獣《きんじゅう》も草木もほぼ中国と同じである」とあり、特産物の存在を否定している。倭国は朝貢に適した物産の豊富な国と位置づけられているのである。また、倭人は長生きとされる。

倭の人は寿命が長く、あるいは百年、あるいは八、九十年である。〔2－（7）〕

仙人が住むと言われる蓬萊《ほうらい》・方丈《ほうじょう》・瀛州《えいしゅう》の三神山は、中国の東方海上にあると考えられていた（『史記』巻一百十八 淮南衡山《わいなんこうざん》列伝）。のちに、瀛州は、日本の雅名《がめい》ともなる。倭人の寿命の長さは、東方海上にいるとされた神仙のイメージに重なるものであろう。

**倭の独自性**

もちろん、以上のような倭国の習俗・慣習などが、当時の日本に実際に存在した可能性は否定しない。

倭の会合での座席や起居（の順序）には、父子や男女の区別はない。人は性来《せいらい》酒を嗜《たしな》む。大人《たいじん》が尊敬される所作《しょさ》を見ると、ただ手を打つことで（中国の）跪拝《きはい》に相当させている。〔2－（7）〕

この記述のなかに、中国の書籍に基づく部分はない。倭人伝のなかに、実際に倭国を訪れた使者の記した報告書を起源とする記述が含まれていることは、間違いないのである。

それでも、倭国の習俗の記述には、陳寿の偏向が含まれている。倭人伝の基礎史料となった『魏略』のうち、現存する部分と倭人伝とが異なる箇所は、第四章で検討する「倭人は自ら考えるに太伯《たいはく》の後裔であるという」という部分のほかは、次の史料だけである。

倭の俗では、正月を歳初とすることと（春夏秋冬の）四節を知らず、ただ春の耕作と秋の収穫を目安に年を数えている。（東夷伝　倭人の条　裴注に引く『魏略』）

これは、倭人の文化の低さを言うものである。陳寿は、もとの史料に記されていた倭人を貶める記事をあえて採用していない。倭国の習俗は、貶める記述を排除して好意的に描くという陳寿の偏向に基づいて記載されているのである。

このように、倭人伝は、東夷伝中のほかの夷狄と比べて、きわめて好意的に描かれている。本来的には高い文化を持っていたはずの朝鮮半島や中国の東北地方の諸民族の方が低い文化とされている原因は、東夷伝の執筆意図によるのである。

# 第三章　倭国を取り巻く国際関係

## 1　倭国と曹魏の国際関係

### 最多の字数

倭人伝は、『三国志』の唯一の夷狄伝である巻三十 烏桓《うがん》・鮮卑《せんぴ》・東夷伝のなかで、最多の千九百八十三字より成る。巻三十に収められるその他の民族は、同じく東夷伝の夫余《ふよ》が七百十五字、沃沮《よくそ》が六百七十八字、挹婁《ゆうろう》が二百七十六字、濊《わい》が四百七十五字、韓《かん》が千四百二十七字、そして烏桓伝が四百六十二字、鮮卑伝が千二百三十字である。

中国の正史は、『史記』から始まり『明史《みんし》』まで二十四を数えるが、日本に関する列伝を含むものは十四、異民族のなかで日本に関する記録の字数が最も多いものは、倭人伝だけである。それほどまでに力を込めて、陳寿が倭人伝を描いたのは、司馬懿の功績を宣揚するという目的に加えて、事実としても、倭国と曹魏が密接な関係を結んでいたためである。

倭人伝によれば、景初三（二三九）年から正始八（二四七）年までの九年間に、倭国から曹魏に使者を派遣したのは四回、曹魏から使者が派遣されたのは二回である。平均すると約十八年に一回となる遣唐使に比べ、はるかに頻度が高い。

最初の遣使は、年代に疑義もある景初三年の朝貢であり、これに対して、曹魏は、正始元

（二四〇）年に、梯儁《ていしゅん》を派遣して、卑弥呼に親魏倭王を仮授《かじゅ》している。

正始元年、帯方太守の弓遵《きゅうじゅん》は、建忠校尉《けんちゅうこうい》の梯儁たちを派遣して、詔書《しょうしょ》と印綬《いんじゅ》を奉《ほう》じて倭国に至らせ、（卑弥呼を親魏）倭王に拝仮《はいか》した。ならびに詔《みことのり》をもたらし、金・帛《はく》〔絹〕・錦《にしき》・罽《けい》〔毛織物〕・刀・鏡・采物《さいぶつ》〔真珠・鉛丹の采料〕を賜与した。倭王は（魏からの）使者に託して上表《じょうひょう》し、恩詔《おんしょう》に答謝《とうしゃ》した。〔3―（2）〕

卑弥呼は、その際に謝意を述べる上表文を帰国する曹魏の使者に託している。倭国から使者を派遣した四回には数えないが、これもまた、倭国から曹魏への臣従を誓う報告と考えてよい。

倭国からの第二回目の朝貢は、正始四（二四三）年に行われた。

正始四年、倭王は、また使者である大夫の伊声者《いせいき》と掖邪狗《えきやく》たち八人を派遣して、生口《せいこう》〔奴隷〕・倭錦《わにしき》・絳青縑《こうせいけん》〔玉虫織の薄手の絹織物〕・緜衣《めんい》〔まわたの服〕・帛布《はくふ》〔白絹の織物〕・丹木《たんぼく》の弣《ゆづか》の短弓〔赤い木のつかの短い弓〕・矢を上献《じょうけん》した。掖邪狗たちは、みな率善中郎《そつぜんちゅうろう》将《しょう》の印綬《いんじゅ》を拝受した。〔3―（2）〕

朝貢に対して中華は、莫大な回賜《かいし》を行うため、夷狄の側も無闇《むやみ》やたらと朝貢してよいわけではない。後世には、遠隔地の朝貢は、三年に一貢と定められている。正始元（二四〇）年に上表文を託してから三年目、ちょうどよい時期の朝貢と言えよう。倭人伝によれば、曹魏の反応は、やや時期が遅れた。

正始六（二四五）年、詔して倭の難升米に黄幢《こうどう》〔黄色の旌旗《せいき》〕を賜与し、帯方郡に託して仮授させた。［3―（2）］

難升米は、第一回の朝貢の時に曹魏を訪れた使者である。また、後述するように、黄幢は、この時点では届いていない。朝鮮半島の情勢が流動化していたためである。そして、倭国からの三回目の使者は、帯方郡へ急を知らせる報告を行った。

正始八（二四七）年、帯方太守の王頎《おうき》が官に到着した。倭の女王である卑弥呼は、狗《く》奴国《なこく》の男王である卑弥弓呼《ひみきゆうこ》とまえから不和であった。（そこで卑弥呼は）倭の載斯《さいし》と烏越《うえつ》たちを派遣して帯方郡に至り、（狗奴国と）互いに攻撃しあっている様子を報告させた。

（これに応えて帯方太守の王頎は）塞曹掾史《さいそうえんし》の張政《ちょうせい》たちを派遣して、それにより（先に帯方郡まで届いていたが送られていなかった）詔書と黄幢をもたらし、（狗奴国との戦いの軍事的指導者である）難升米に拝仮し、檄文《げきぶん》をつくって難升米に告喩《こくゆ》した。［3―（3）］

## 朝貢の目的

正始八（二四七）年、卑弥呼の使者である載斯《さいし》と烏越《うえつ》から、狗奴国《くなこく》と戦っているとの報告を受けた帯方太守の王頎《おうき》は、張政《ちょうせい》を派遣し、詔書と黄幢をもたらして戦いを支援した。世界の支配者である皇帝は、朝貢してきた夷狄を王に封建するだけではなく、それに基づき形成された秩序を維持する責務を負う。朝貢国からすれば、遠方より海を渡り、貢ぎ物を捧《ささ》げて臣従する理由は、ここにある。倭国の秩序を維持する責務を負い海を渡った張政たちを待っていたのは、さらなる衝撃的な事態であった。

卑弥呼が死去したため、大いに冢《つか》〔墓地〕を作った。（冢の）径《けい》は百余歩〔約百四十四メートル〕、殉葬《じゅんそう》する者は奴婢《ぬひ》百余人であった。あらためて男王を立てたが、国中は服せず、相互に殺し合い、この時にあたり千余人を殺した。また卑弥呼の同宗《どうそう》の女性である壱与《いよ》という、十三歳（の子）を立てて王となし、国中はようやく定まった。（それを見た）張政たちは檄文により壱与に告喩した。壱与は倭の大夫である率善中郎将の掖邪狗たち二十人を派遣して、張政たち（の帰国）を送らせた。それにより（掖邪狗たちは洛陽の）尚書台《しょうしょだい》に至り、男女の生口〔奴隷〕三十人を献上し、白珠《はくしゅ》を五千孔《こう》〔孔《あな》を開けた白珠《しらたま》五千〕・青大句珠《せいだいくしゅ》〔青玉〈ひすい〉で作った勾玉《まがたま》〕を二枚・異文雑錦《いぶんざっきん》〔中国と模様の異なるいろいろな錦〕を二十四 朝貢した。〔3―(3)〕

卑弥呼が死去し、倭国は混乱していたのである。殺しあいの後、壱与が立てられ、ようやく倭国が安定すると、張政は、倭の使者として掖邪狗たちを連れて帰る。掖邪狗たちは、洛陽まで至り朝貢した（第四回目）。こうして倭国の秩序が維持されたことを伝えて、倭人伝は終わる。中華は、朝貢国の秩序を維持したのである、と。

### 邪馬台国のその後

壱与が掖邪狗を派遣した時期について、倭人伝は明言しない。これに対して、『冊府元亀《さっぷげんき》』巻九百六十八 外臣部 朝貢第一には、

（正始）八（二四七）年、倭国の女王である壱与は、大夫の掖邪狗たちを派遣して（洛

陽の）尚書台に至らせ、男女の生口（奴隷）三十人を献上し、白珠を五千枚・青大句珠を二枚・異文雑錦を二十匹　朝貢した。

とあり、掖邪狗は、正始八年に派遣されたとする。卑弥呼の死去から始まった倭国の混乱は、比較的早く収束したのであろう。

その後の邪馬台国の状況については、『晋書』に記録が残る。『晋書』巻三　武帝紀に、

（泰始《たいし》二（二六六）年）十一月己卯《きぼう》、倭人が来て貢ぎ物を献上した。（（漢の儒教を集大成した）鄭玄《じょうげん》の説に基づいて天を祀る場所としていた）圜丘《えんきゅう》・（地を祀る場所としていた）方《ほう》丘《きゅう》を（（武帝の祖父である）王粛《おうしゅく》の説に基づき、天を祀る）南郊《なんこう》・（地を祀る）北郊《ほっこう》に合わせ、二至《にし》（夏至と冬至）の祭祀を二郊（南郊と北郊）に合わせた。

とあり、倭国は、こののち泰始二年十一月に朝貢している。その時の倭国が、壱与を女王としていたのか否かは記録されない。それでも、倭国は、泰始元（二六五）年に、曹魏を滅ぼして建国した西晋が、天子にとって最も重要な祭祀である南北郊祀の場所を、曹魏が採用していた鄭玄の学説から、武帝司馬炎の外祖父にあたる王粛の学説に従って改めるという、祝

賀すべき重要な時期に、それを言祝ぐ使者を送っているのである。

儒教では、遠方から夷狄が朝貢することは、整った政治が行われている証《あかし》となる。儒教の経義に基づき、天子が天の祭祀を改めたことを記す部分に、倭国の朝貢が記載されることは、朝貢を祭祀の改革が正しかったことの証と捉えるためなのである。

こうした意味において、倭人の朝貢は、絶妙な時期に行われている。このような中国との良好な関係は、すべて卑弥呼が親魏倭王に封建されたことから始まる。

## 卑弥呼への制書

倭人伝のなかで、最も史料的価値の高い部分が、卑弥呼への制書である。また、内容から言っても、これが倭人伝の中核となる。制書は、卑弥呼を親魏倭王に封建する経緯とその理由を次のように述べている。

景初三（二三九）年の六月、倭の女王（卑弥呼）は、大夫の難升米たちを派遣し帯方郡に至らせ、天子に拝謁《はいえつ》して朝献《ちょうけん》することを求めた。帯方太守の劉夏《りゅうか》は、属吏を派遣し（難升米たちを）引率して京都《けいと》（洛陽）に至らせた。その年の十二月、（皇帝の曹芳は）詔書を下して倭の女王に報《ほう》じて次のように言った、「親魏倭王の卑弥呼に制詔する。帯方太守の劉夏が、使者を派遣して汝《なんじ》の大夫である難升米と次使である都市《とし》の牛利《ぎゅうり》を送り、汝の献じた男性の生口〔奴隷〕四人、女性の生口六人と班布《はんぷ》〔かすりの織物〕二匹《ひき》二丈《じょう》を奉じて、到着した。汝のいる所ははるか遠くにも拘らず、こうして使者を派遣し貢献してきたことは、汝の忠孝（の現れ）であり、我はたいへん汝を慈《いつく》しむ。いま汝を親魏倭王となし、金印紫綬《きんいんしじゅ》を仮《あた》え、包装のうえ封印して帯方太守に託し、汝に仮授させよう。それ種族の民を綏撫《すいぶ》し、勉《つと》めて孝順《こうじゅん》をいたせ。汝の使者である難升米と牛利は遠きをわたり、道中で苦労をした。（その功を嘉《よみ》し）いま難升米を率善中郎将となし、牛利を率善《そつぜん》校尉《こうい》となし、銀印青綬《ぎんいんせいじゅ》を仮《あた》え、引見して労《ねぎら》い賜与して送りかえらせる。いま絳地交龍《こうじこうりゅう》〔濃い赤地に蛟龍《こうりゅう》を描いた〕の錦《にしき》を五匹、絳地縐粟《こうじしゅうぞく》〔濃い赤地の細い縮み織〕の罽《けい》〔毛織物〕を十張、蒨絳《せんこう》〔茜《あかね》染めの布〕五十匹、紺青《こんじょう》〔濃い藍《あい》色の布〕五十匹により、汝が献上した朝貢の品物に答える。また特に汝に紺地句文《こんじこうもん》〔紺地の布地に句連雷門《くれんらいもん》〈ジグザグの文様〉のある〕の錦を三匹、細班《さいはん》〔細かい華《はな》模様を班《まだら》に出した〕の華罽《かけい》〔毛織物〕を五張、白絹を五十匹、金を八両、五尺の刀を二振り、銅鏡を百枚、真珠・鉛丹それぞれ五十斤を賜与し、みな包装のうえ封印して難升米と牛利に託す。（かれらが）帰り着いたら記録して受け取り、すべてを汝の国中の人々に示し、国家《わたし》が汝を慈しんでいることを知らしめよ。このために鄭重《ていちょう》に汝に好みの品物を賜与するものである」と。〔3―（1）〕

制詔は、倭国の女王卑弥呼が、帯方太守の劉夏を通じて朝貢してきたことを慈しみ、卑弥呼を親魏倭王とし、金印紫綬を与え、「絳地交龍の錦」「絳地縐粟の罽」「蒨絳五十匹」「紺青五十匹」を回賜することを述べる。朝貢品の「生口」男女あわせて十人と班布二匹二丈に比べると、回賜の品目の多さが際立つが、ここまでであれば、他の夷狄の朝貢記事とそれほど大きな差異はない。

注目すべきは、「朝貢の品物に答える」として回賜の品目を掲げた後に、さらに「特に」以下、多くの財物を選んで賜与するという、特別な恩恵を卑弥呼に加えていることである。岡村秀典《おかむらひでのり》『三角縁神獣鏡の時代』（平成十一〔一九九九〕年）によれば、「銅鏡を百枚」とある銅鏡は、倭のために特別に製作した三角縁神獣鏡であるという。

親魏倭王の卑弥呼は、鏡を特注して優遇すべきほど、曹魏にとって特別な存在であったのだろうか。

## 2　二人の「親魏」王

### 親魏大月氏王

つとに手塚隆義《てづかたかよし》「親魏倭王考」（昭和三十八〔一九六三〕年）が着目し、岡田英弘『倭国の時代』（昭和五十一〔一九七六〕年）がその問題意識を継承したように、曹魏が夷狄に与えた称号のなかで「親魏〇〇王」と『三国志』が表記するものは、卑弥呼に与えられた「親魏倭王」のほかには、「親魏大月氏王」しかない。『三国志』巻三　明帝紀《めいてい》に、

（太和《たいわ》三〔二二九〕年十二月）癸卯《きぼう》、大月氏の王である波調《はちょう》が、使者を派遣して貢ぎ物を献じてきた。（そこで）波調を親魏大月氏王とした。

とある。後漢や曹魏で「大月氏国」と呼んでいる国家は、前漢のころ中央アジアに存在した大月氏国と同じではない。かつて大月氏国の貴族であったクシャーナ族が、自立して建国し、中央アジアのみならずインド北部まで支配したクシャーナ朝（一世紀から三世紀ごろ）のことを、後漢や曹魏は引き続いて「大月氏国」と呼んでいるのである。クシャーナ朝は、全盛期のカニシカ王が仏教を保護したことで日本でも有名な王朝である。

ただし、曹魏は、大月氏国と倭国以外の異民族にも、王号を賜与している。たとえば、正始八（二四七）年、高句麗遠征に際して、いち早く帰順して朝貢した濊《わい》の不耐《ふたい》には、濊王の称号を授与している（東夷伝　濊の条）。さらに、東夷伝　注引『魏略』には、

（車師後部《しゃしこうぶ》）王は頼城《らいじょう》を治所とする。曹魏はその王である壱多雑《いったぞう》に守魏《しゅぎ》の侍中《じちゅう》・号大都《ごうだいと》尉《い》を賜与し、魏の王の印を受けさせた。

とある。車師後部王の壱多雑に与えられた「魏の王の印」について、大庭脩《おおばおさむ》『親魏倭王』（昭和四十六〔一九七一〕年）は、この印が「親魏車師後部王」であった可能性を指摘する。しかし、この記録は、裴注に引用された『魏略』のもので、『三国志』の記事ではない。しかも、『魏略』においても「親魏○○王」であったことを明記してはいない。

　このように、陳寿の『三国志』は、「親魏○○王」という称号の形を「親魏大月氏王」と「親魏倭王」のみに限定しているのである。称号の形が同一であることは、二つの国家の重要性や力量を同等に位置づけるための表現と考えてよい。

## 諸葛亮の北伐と涼州

　曹魏の明帝が、カニシカ王の孫にあたる大月氏国の波調王（ヴァースデーヴァ王）を「親魏大月氏王」に封建したのは、太和三（二二九）年十二月のことである。たとえば、後述するように、遼東半島を支配していた公孫淵《こうそんえん》に、懐柔のため明帝が与えた称号は、「楽浪公《らくろうこう》」

にとどまっている。より高位の王号賜与の背景には、蜀漢との緊迫した国際情勢があった。

曹魏の最大の脅威であった諸葛亮の北伐は、蜀漢の建興五（二二七）年より始まる。歴史小説『三国志演義』の影響のため、北伐の戦場と言えば、諸葛亮が陣没する第五次北伐の五丈原《ごじょうげん》を想起する。しかし、繰り返される北伐のなかで、唯一蜀漢に勝機があったのは、涼州《りょうしゅう》を取り長安《ちょうあん》に向かうという諸葛亮の戦略が知られていなかった第一次北伐だけであった。換言すれば、涼州こそ、曹魏と諸葛亮との最も重要な戦場だったのである。

諸葛亮の第一次北伐は、おとりの趙雲《ちょううん》軍が曹魏の主力の曹真《そうしん》軍を引きつけることで、順調に進んだ。天水《てんすい》・南安《なんあん》・安定《あんてい》の三郡を取り、涼州を曹魏から遮断した。これに対して、曹魏の明帝は自ら長安に出陣し、孫呉に備えていた張郃《ちょうこう》を救援に向かわせる、という最善の策を取った。それでも、張郃の到着までに涼州を落とせば、蜀漢の優位は動かない。

諸葛亮は、張郃を食い止める場所を街亭《がいてい》と定め、その守将に馬謖《ばしょく》を任命した。ところが、馬謖は、大勝を求めて諸葛亮の命令を無視し、張郃に敗退する。諸葛亮は、このの ちも北伐を続けるが、街亭での敗戦を取り戻すことはできなかった。

諸葛亮が、涼州の支配を目指した際、劉備を嗣いでいた後主の劉禅が出した詔には、蜀漢と涼州の異民族との良好な関係が謳《うた》われている。『三国志』巻三十三 後主伝 注引『諸葛亮集』に、涼州の諸国の王が、それぞれ月氏《げっし》・康居《こうきょ》などの異民族の首長である支富《しふく》・康植《こうしょく》たち二十余人を派遣して、北伐に際してその先駆となることを申し入れた。

とあるように、涼州の諸国の王が、蜀漢の北伐に呼応する、というのである。『諸葛亮集（諸葛氏集）』は、陳寿の編纂である。陳寿は、この詔の存在を知っていながら、『三国志』には記録しなかった。陳寿は、司馬氏のために、涼州から西域にかけての詳細な記録の採用を控えたのである。

建興五（二二七）年の諸葛亮の第一次北伐により、一時的にせよ涼州支配を途絶された明帝が、太和三（二二九）年における大月氏国の波調王の朝貢を歓待し、「親魏大月氏王」に封建したことは当然のことであった。それでも、諸葛亮と異民族との連携はやまず、建興十一（二三三）年には、鮮卑《せんぴ》の軻比能《かひのう》が曹魏に背き、諸葛亮に従っている（『三国志』巻三十五 諸葛亮伝 注引『漢晉春秋』）。曹魏にとって、大月氏国の重要性は、さらに高まった。

このように、「親魏大月氏王」は、蜀漢の北伐に対して、涼州の背後を固めるために賜与されたものであった。また、大月氏国も、王号にふさわしい大国であった。それでは、同じ形を持つ「親魏倭王」は、いかなる国際情勢のなかで与えられたのであろうか。

## 3　孫呉の海上進出

### 三国政権と異民族

三国時代において、各国は周辺の異民族を自らの影響下に置くことに努めていた。その方策について、谷口房男《たにぐちふさお》『華南民族史研究』（平成八〔一九九六〕年）は、三国の異民族政策の相違を、曹魏の討伐と懐柔の両面策、孫呉の討伐策、蜀漢の懐柔策と総括する。

曹魏は、北方には主として討伐策を展開した。匈奴《きょうど》に対しては、その首長である単于《ぜんう》を抑留して部族と切り離した後、次第に分割を試みた。その結果、西晉の初年には、匈奴は五部に分裂するに至る。また、宿敵袁紹と結んだ烏桓には、曹操自ら遠征を行い、蹋頓《とうとん》が率いる烏桓を壊滅させた。これに対して、鮮卑の軻比能だけは、曹操の誘いに乗らず、曹魏との距離を保ち続けた。やがて蜀漢と結んだ軻比能は、諸葛亮の北伐に呼応して進撃するが、曹魏に暗殺される。この結果、北方の異民族の勢力伸長は、西晉以降まで持ち越されたのである。

一方、曹魏の異民族への懐柔策を代表するものが、本書で扱っている二人の「親魏」王、「親魏大月氏王」と「親魏倭王」である。

蜀漢の懐柔策は、諸葛亮の北伐に呼応させた鮮卑の軻比能だけにとどまらない。それ以前において、劉備は、関羽《かんう》（張飛《ちょうひ》とともに劉備を支えた武将）の仇討ちのために行った、孫呉への東征の際に、荊州《けいしゅう》の武陵蛮《ぶりょうばん》に印号《いんごう》（官職を示す印綬《いんじゅ》と称号）を与えて協力を取り付けている。街亭《がいてい》で敗れた馬謖《ばしょく》の兄で「白眉《はくび》」として名高い馬良《ばりょう》は、武陵蛮から厚い信頼を得ており、劉備の指示を受けて武陵蛮の懐柔に力を尽くした。また、諸葛亮は、北伐に先立って昆明《こんめい》まで南征《なんせい》を行い、孟獲《もうかく》を従えて南方を平定している。諸葛亮は、南征の後、異民族の首長に南中《なん》《ちゅう》の支配を委ねる一方で、その財貨で財政の充実をはかり、勁卒《けいそつ》・青羌《せいきょう》などの異民族を軍隊に編成した。その異民族部隊は「飛軍《ひぐん》」と称され、王平《おうへい》に率いられた。街亭の戦いで馬謖が敗退した後、曹魏の追撃を防いだのは、王平の率いる「飛軍」であった。さらに、姜維《きょうい》は、漢中《かんちゅう》の氐《てい》と羌《きょう》や涼州胡《りょうしゅうこ》などによって自軍の強化を行っている。諸葛亮の北伐だけではなく、その異民族政策をも継承しているのである。

孫呉の討伐策は、国内で行われた山越《さんえつ》（山岳地帯に居住する非服従民）への討伐を典型とする。夷陵《いりょう》の戦いで劉備を破った陸遜《りくそん》は、山越を討伐して、軍隊や農民に編成することを繰り返した。もとより、孫呉の生命線は、建安十三（二〇八）年、赤壁《せきへき》の戦いで曹操を破って以来維持している長江の制水権にあった。赤壁の敗戦の後、曹操は、故郷の譙県《しょうけん》で水軍を整え、合肥《ごうひ》に軍を進め、芍陂《しゃくひ》に大規模な屯田《とんでん》を開き、水軍の調練を重ねていた。それでも、孫権は、建安十八（二一三）年、濡須口《じゅしゅこう》まで南下した曹操を大敗させている。

孫権は、長江の制水権を維持しながら、曹魏の支配する華北に比べて不足する人口の増加を目的として海上へ進出する。そこに関わってきたものが、遼東半島を支配しながら、曹魏と対峙《たいじ》していた公孫氏政権であった。公孫氏は、海上を通じて孫呉と連絡を取ることができたからである。

**孫呉と公孫氏**

公孫氏の遼東半島の支配、ならびに朝鮮半島への進出は、後漢末の公孫康《こうそんこう》より始まる。東夷伝　韓の条によれば、公孫康は、朝鮮半島の楽浪郡の南に帯方郡を置き、部下の公孫模《こうそんぼ》と張　敞《ちょうしょう》を派遣して、韓・濊の地域を平定した。さらに、遼東・玄菟《げんと》・楽浪・帯方の四郡（遼東半島から朝鮮半島北部）を支配するだけでなく、山東《さんとう》半島の東萊《とうらい》地方に営州刺史《えいしゅうしし》を置いた。東方では高句麗・夫余《ふよ》にも勢力を及ぼし、西方では烏桓にも影響を与えるほど大きな勢力を振るったのである。

公孫康より始まる遼東・朝鮮支配に対し、曹魏は当初、蜀漢への対処を優先して黙認の態度を取っていた。しかし、康の次子である公孫淵が、太和二（二二八）年、叔父の恭《きょう》からその地位を奪って政権を確立し、孫呉の孫権が、黄龍《こうりゅう》元（二二九）年、皇帝に即位した後、これを公孫淵に通知すると、曹魏も遼東の問題に向き合うことになる。大月氏の波調を「親魏大月氏王」に封建したのは、この年（太和三〔二二九〕年）のことである。

黄龍二（二三〇）年、孫権は衛温《えいおん》と諸葛直《しょかつちょく》の二人に、一万人を率いて海路により夷州《いしゅう》と澶州《せんしゅう》を探索させた。二人は辿《たど》り着けなかったが、夷州は、台湾あるいは日本であり、澶州は、海南島《かいなんとう》とも種子島《たねがしま》とも済州島《さいしゅうとう》とも言われている。

杉本直治郎《すぎもとなおじろう》「三国時代における呉の対南策」（昭和三十一〔一九五六〕年）によれば、孫権は、扶南《ふなん》（カンボジア）にも使節を派遣している。使者は、扶南に派遣されていた大月氏国の使者とも会見した、という。遠く離れた大月氏国を尊重した、曹魏の国際感覚が優れていたことを理解できよう。呉の海上ルートは、南海航路を通じて、インドとも関わりを持っていたのである。

嘉禾《かか》元（二三二）年、孫権は、馬の購入を名目に、公孫氏と連携するため使者を派遣する。公孫淵は、これに応じて、孫呉の臣下となることを申し入れた。嘉禾二（二三三）年、孫権は、公孫淵を燕王《えんおう》に冊封《さくほう》（天子が冊書によって諸侯を封建）するため、使者を派遣する。公孫淵の行為は、卑弥呼が曹魏に朝貢して、親魏倭王に封建され、曹魏の保護を受けようとしたことと同じである。しかし、叛服《はんぷく》常ない公孫淵を信用しない孫呉の臣下たちは、重臣の張昭《ちょうしょう》を筆頭に激しく反対した。それでも孫権は、公孫淵を王に封建した。

しかし、曹魏に圧力をかけられていた公孫淵は裏切り、孫呉の使者を殺害して、その首を曹魏に送った。曹魏が諸葛亮の北伐と対峙中であり、遼東へ兵力を回すことができないと判断したため、曹魏の懐柔策を期待したのである。予想どおり、曹魏の明帝は、公孫淵を大司《だいし》馬《ば》・楽浪公に封建して招撫《しょうぶ》し、諸葛亮との対決に全力を注いだ。鮮卑の軻比能が曹魏に背き、諸葛亮に呼応したのは、この年のことである。

ここまでは軍事的にも外交的にも蜀漢の方が、孫呉に比べてはるかに曹魏の脅威であった。

## 親魏倭王賜与の理由

ところが、建興十二（二三四）年八月、諸葛亮は五丈原に陣没する。主力軍を率いて、蜀漢を防いでいた司馬懿は、洛陽に帰還した。こうして諸葛亮の脅威から解放された曹魏は、遼東の問題に着手できる余裕を得た。青龍四（二三六）年七月、曹魏は、孫呉により単于《ぜんう》に封建されていた、朝鮮北部から中国東北地方を支配する高句麗王に圧力をかけ、孫呉からの使者を斬首させる（『三国志』巻三　明帝紀）。公孫淵の周囲を服従させるとともに、孫呉の影響力を朝鮮・遼東半島から駆逐し始めたのである。

景初元（二三七）年七月、明帝はついに、幽州《ゆうしゅう》刺史の毌丘倹《かんきゅうけん》に公孫淵を攻撃させる。これを撃退した公孫淵は、自立して燕王となり、紹漢《しょうかん》と元号を立てた。皇帝即位まであと一歩の地位である。それとともに、周辺の異民族に印号を与えて味方につけ、孫呉に使者を派遣して援軍を要請した。しかし、国内の反対を押し切ってまで派遣した使者を殺されていた孫権は、公孫淵を支援しなかった。ひとまず派遣された使者を厚遇したうえで、ひそかに大軍を北方に送り、形勢を観望すればよい、という羊衜《ようどう》の献策に従ったのである（『三国志』巻八 公孫淵伝 注引『漢晉春秋』）。

こうした孫呉の態度を見透かしたかのように、景初二（二三八）年正月、明帝の命を受けた司馬懿は、四万の兵を率いて公孫淵の討伐に洛陽を出発した。六月、遼東に到着すると、八月には公孫淵の首都襄平《じょうへい》城を陥《おと》し、公孫氏を滅ぼしたのである。倭人伝の記載どおり、卑弥呼の使者が景初二年の六月に帯方郡に至ったとすれば、遼東半島だけではなく、朝鮮半島もまた戦争の最中であった。この間、曹魏は劉昕《りゅうきん》を帯方太守、鮮于嗣《せんうし》を楽浪太守に任命して、海路二郡を攻略し、朝鮮半島を曹魏の直接的な支配下に置こうとしていたからである（『三国志』巻三 明帝紀）。

卑弥呼の朝貢は、こうした国際情勢を背景に行われた。曹魏が卑弥呼を「親魏倭王」に封建し、規定の回賜に加えて特別な恩寵を示したのは、倭国にも大月氏国に匹敵する重要性を認めたからに他ならない。石母田正『日本の古代国家』（昭和四十六〔一九七一〕年）が説くように、曹魏が卑弥呼に「親魏倭王」の称号を賜与した理由は、孫呉の海上支配に対抗するためであった。

# 4　狗奴国の背後

## 帯方郡の支配

曹魏が卑弥呼を「親魏倭王」に封建した景初三（二三九）年の後も、倭国と曹魏との外交関係は密接であった。倭国は、曹魏からの使者に返書を託した正始元（二四〇）年のほか、正始四（二四三）年に使者を送り、曹魏も正始六（二四五）年に黄幢を賜与しようとしている。両者の密接な関係の背景には、朝鮮半島情勢の流動化がある。

景初二（二三八）年八月、司馬懿が陸路公孫氏を滅ぼす直前に、明帝は劉昕を帯方太守、鮮于嗣を楽浪太守に任命して、海路二郡を攻略し、朝鮮半島の北部を曹魏の直接的な支配下に置いた。そののち、韓の諸国の「臣智《しんち》」と呼ばれる有力者たちに印綬を授け、曹魏の臣下に収めることに努めた。

それまで韓は、濊《わい》や倭と同様、公孫氏の支配下にあったからである。東夷伝 韓の条に、

（後漢末の）桓帝《かんてい》から霊帝《れいてい》のころになると、韓と濊の勢力が盛んとなり、（楽浪）郡や（その配下の）県ではそれを制することができず、民は多く韓国に流入した。建安年間

（一九六〜二二〇年）、公孫康は屯有《とんゆう》県より南の荒地を分けて帯方郡となし、公孫模や張敞を派遣して、遺《のこ》っていた〈漢の〉民を収め集め、兵を起こして韓と濊を伐《う》たせた。もとの民はようやく〈韓国を〉出《い》で戻り、この後、倭と韓はこうして帯方郡に属した。

とある。公孫康が帯方郡を設置した年代を建安年間のいつと定めることは難しいが、公孫康が父の公孫度《こうそんたく》を嗣《つ》いだ建安九（二〇四）年以降であることは間違いない。それ以後、倭は、韓・濊と同様、帯方郡を通じて公孫氏に属していたことになり、この関係は公孫氏の滅亡まで続いていた。

景初二（二三八）年八月に、公孫氏を滅ぼした曹魏は、帯方郡の支配者の交代を倭国に告げる必要があった。したがって、それに応えて卑弥呼が使者を派遣した時期は景初二年八月以降となる。明帝が別働隊により、八月以前に楽浪・帯方の二郡を滅ぼしても、この二郡は名目的には公孫淵の支配下に置かれている。新たに帯方太守に任命された劉昕が、公孫氏から曹魏へと支配者が交代したことを、公孫淵の滅亡を待たずに倭国に通知する蓋然《がいぜん》性は低い。となれば、卑弥呼の遣使は、景初二年八月以降になると考えられ、六月である可能性は低い。倭人伝が記載する、卑弥呼の使者に対応した帯方太守は劉夏であり、明帝が任命した劉昕とは別人である。これも、倭人伝の記載する「景初二年」が「景初三年」の誤写という証拠の一つである。

**孫呉の介入**

公孫淵は、司馬懿の討伐に際して、再び孫権に臣と称して救援を求めた。しかし、孫権は羊衜《ようどう》の献策に従って形勢を観望していた。『三国志』巻八 公孫淵伝 注引『漢晋春秋』によれば、その献策とは、

　この機会に奇兵《きへい》をひそかに派遣し、（曹魏と公孫淵との戦いの）結果を待つべきでしょう。もし曹魏が公孫淵を征伐して勝てなければ、（敗戦の曹魏を追撃し）わが軍が遠方より駆けつけたことを見せて、恩を遠い夷狄に与え、義を万里に示せばよいでしょう。もし戦いが長びき、最前線と後続とが離れれば、わが軍は（公孫淵の）傍《ぼう》郡（である楽浪郡・帯方郡・玄菟《げんと》郡の人々）を捕虜とし、追い立てて略奪しながら引き上げます。これもまた、天罰を加え、先の（公孫淵が孫呉を裏切った）事件の雪辱を果たすことになるでしょう。

というものであった。孫権はこれに従い、羊衜に軍を率いさせて遼東に派遣している。『三

国志』巻四十七 呉主伝に、

（赤烏《せきう》）二（二三九）年春三月、使者（『資治通鑑《しじつがん》』巻七十四 魏紀六は「督軍《とくぐん》使者」とする。それが正しい）の羊衜・鄭冑《ていちゅう》、将軍の孫怡《そんい》を派遣して遼東に行かせ、曹魏の守将である張持《ちょうじ》・高慮《こうりょ》などを撃ち、男女を捕虜として得た。

とある。孫呉の赤烏二年は、曹魏の景初三年にあたる。羊衜は、景初二年八月に公孫淵を滅ぼした後に曹魏が置いた遼東の守将である張持・高慮を討って、男女を略奪した。公孫氏が滅亡した後も、孫呉は遼東半島に介入を続けていたのである。

しかも、羊衜の献策の「傍郡」に注目すれば、遼東だけではなく楽浪郡・帯方郡といった朝鮮半島、さらには、帯方郡に属していた倭国への介入も意図していたと考えてよい。これより先の黄龍二（二三〇）年、孫権は、衛温と諸葛直に、海路により夷州（台湾あるいは日本）と亶州（海南島あるいは種子島、あるいは済州島）を探索させている。

**韓の挙兵**

このような海からの孫呉の介入も影響したのであろうか。曹魏の韓への支配は、進展しなかった。正始六（二四五）年、安定しない韓の地を楽浪郡に併合しようとしたことに対し、韓の地から兵が挙がる。帯方太守の弓遵《きゅうじゅん》と楽浪太守の劉茂《りゅうぼう》は、兵を起こして討伐し、弓遵は戦死したものの、これを鎮圧した。

戦死した帯方太守の弓遵は、正始元（二四〇）年、卑弥呼に親魏倭王を仮授するための使者梯儁《ていしゅん》を派遣した帯方太守である。したがって、弓遵は、正始四（二四三）年に行われた倭国からの第二回目の朝貢も、帯方太守として洛陽まで送り届けたことになる。倭と関係が良好な弓遵を介して、正始六年に与えようとした黄幢は、韓に対して倭の出兵を求めるものであった可能性までを持つ。

　正始六年、詔して倭の難升米《なんしょうまい》に黄幢を賜与し、帯方郡に託して仮授させた。「3―(2)」

難升米は、第一回の朝貢の時に、曹魏を訪れた使者である。弓遵とは旧知である。しかし、このとき黄幢は届かなかった。韓との戦いのなかで、弓遵は戦死していたのである。そして、倭国からの三回目の使者は、帯方郡へ急を知らせる報告をもたらした。

正始八（二四七）年、帯方太守の王頎《おうき》が官に到着した。倭の女王である卑弥呼は、狗《く》奴《な》国《こく》の男王である卑弥弓呼《ひみきゅうこ》とまえから不和であった。（そこで卑弥呼は）倭の載斯《さいし》と烏越《うえつ》たちを派遣して帯方郡に至り、（狗奴国と）互いに攻撃しあっている様子を報告させた。（これに応えて帯方太守の王頎は）塞曹掾史《さいそうえんし》の張政《ちょうせい》たちを派遣して、それにより（先に帯方郡まで届いていたが送られていなかった）詔書と黄幢をもたらし、（狗奴国との戦いの軍事的指導者である）難升米に拝仮し、檄文をつくって難升米に告喩《こくゆ》した。［3―（3）］

正始八年に帯方太守に就任した王頎は、玄菟太守として高句麗《こうくり》王を討つことに功績を挙げている（『三国志』巻三十 東夷伝 夫余の条）。曹魏の朝鮮半島における武力行使は、倭国との関係を一層緊密にする必要性を生み出していたのである。

そこで、王頎は、卑弥呼と狗奴国との戦いを聞くと、正始六年に帯方郡まで届いていた詔書と黄幢をもたらし、正始八年の状況に沿った檄文を添えて、塞曹掾史の張政たちを派遣したのである。黄幢は、卑弥呼の背後に曹魏がいることを狗奴国に示すものであった。狗奴国は、黄幢を見てそれを理解できたのであろうか。

## 黄幢を見た者

黄幢は、軍事権を象徴し、曹魏の土徳を示す黄色の旗である。曹魏は、火徳の漢を打倒した黄色をシンボルカラーとする国家であった。それを戦いの場に立てても、具体的に人を殺《あや》めることはできず、それが分かる者だけに曹魏の支持を示すに過ぎない。武田《たけだ》幸男《ゆきお》「三韓社会における辰王と臣智」（平成九〔一九九七〕年）が、黄幢は本来、狗奴国との戦いのためではなく、中国文化を熟知する高句麗・諸韓国との戦いに、倭国を組み込むために贈られた、と主張する理由である。

そうでなければ、王頎が詔とともに黄幢を卑弥呼に届けた理由は、狗奴国にそれを見て曹魏と判断できる知識がある、具体的には狗奴国が孫呉との関わりを持っていると考えたために他ならない。西嶋定生「親魏倭王冊封に至る東アジアの情勢」（昭和五十三〔一九七八〕年）が述べるように、曹魏は狗奴国の背後に孫呉の存在を見ているのである。ちなみに、東《あずま》潮《うしお》「『三国志』東夷伝の文化環境」（平成二十一〔二〇〇九〕年）によれば、卑弥呼の墓とも称される箸墓古墳と相似形で、外来の合掌型竪穴式石室を持つ黒塚《くろつか》古墳（天理市柳本《やなぎもと》町にある前方後円墳）から、「黄幢」に比定される「U字形鉄製品」が出土しているという。

曹魏が狗奴国の背後に孫呉を想定しているのであれば、張政は、即座に帰国することは許されない。張政が、卑弥呼の死後に起こった倭国の混乱回復を見届け、新女王の壱与の使者である率善中郎将の掖邪狗を連れ帰ったのは、孫呉の背後にある東方の大国が安定し、曹魏に臣従していることを証明するためであった。狗奴国の背後に、本当に孫呉が存在したのか否かを『三国志』は語らない。だが、孫呉の元号を刻んだ呉鏡は、日本で発見されている。

岡村秀典『三角縁神獣鏡の時代』によれば、公孫氏を経由したという説明が可能な呉鏡は、山梨県西八代《にしやつしろ》郡市川三郷《いちかわみさと》町の鳥居原《とりいばら》古墳で発見された赤烏元（二三八）年銘の神獣鏡《しんじゅうきょう》など各地で発見されている。しかし、公孫淵が滅亡した景初二（二三八）年八月以降の銘を持つ呉鏡も、兵庫県宝塚市安倉《あくら》古墳で発見された赤烏七（二四四）年銘鏡など、日本で発見されているのである。公孫淵が滅亡した後にも、孫呉の存在を知っている者が、日本にいたことは確かである。

このように、倭国は当時の国際関係のなかでも、重要な国家と考えられていた。加えて、曹魏から西晉にかけての国内の政治状況においても重要な地位を占めている。第四章で詳述するように、邪馬台国が、会稽郡東治県の東方海上という現実にはありえない場所に理念的に置かれた背景には、孫呉との関係上、そこになければならない国際関係があった。加えて司馬懿の功績を尊重するという国内政治上における倭国の重要性が、倭人伝の執筆者たちの表現を規定していたのである。

# 第四章　理念の邪馬台国

## 1　会稽東治の東

### 燕地から帯方郡の東南へ

倭人伝は、『漢書』地理志を踏まえた記述より始まる。『漢書』は、後漢の班固が著した、前漢の歴史を紀伝体の形式で描く断代史《だんだいし》（一つの国家だけを記録する史書）である。劉備が崩御の際に、劉禅に遺詔《いしょう》して、読むべき本として真っ先に挙げているものが、『漢書』と『礼《らい》記《き》』（儒教の経典、五経の一つ。狭義の礼〔生活作法や冠婚葬祭〕にとどまらず、国家制度から政治・法律・学術・芸術にまで及ぶ理論的な記述を含む。劉備の師である盧植《ろしょく》は『礼記《らいき》解詁《かいこ》』を著した専門家）であったように（『三国志』巻三十二　先主伝　注引『諸葛亮集』）、『漢書』は、この時代の必読書であった。

倭人伝の冒頭は、前漢時代の倭人のあり方を次のように描く。

> 倭人は帯方郡の東南にあたる大海の中におり、山や島によって国《くに》や邑《むら》をつくっている。もともと百余国あり、漢の時に朝見《ちょうけん》に来た国もあった。いま使者や通訳の往来があるのは三十国である。［1－（1）］

これは、『漢書』巻二十八下 地理志下に、

(燕地《えんち》)楽浪《らくろう》郡の海の中に倭人がおり、分かれて百余国あり、決まった歳に(中国に)来て貢ぎ物を献上している。

とある記述を踏まえている。そのうえで、『漢書』から変更している二ヵ所に注目したい。

第一に、『漢書』の「楽浪郡」を「帯方郡」に書き換えたのは、司馬懿が滅ぼした遼東の公孫淵の父公孫康が、楽浪郡の南を征服して、帯方郡を置いたことによる。楽浪・帯方の二郡は、司馬懿が公孫淵を滅ぼした際に、別働隊により曹魏の支配下に収められた。その結果、卑弥呼の使者が曹魏に至ったことを記すことが、倭人伝の眼目であるため、帯方郡の記述から倭人伝は始まるのである。

注目すべきは、第二に、倭の場所を帯方郡の「東南」にあたる海の中と「東南」を付加していることである。『漢書』では、楽浪郡の記述は、現在の北京周辺を指す「燕地」に繫がれており、中国の「東北」という認識であった。これに対して、倭人伝は、帯方郡を「燕地」とは結びつけず、帯方郡の「東南」の海の中に倭国がある、とするのである。

ただし、楽浪・帯方の両郡とも、朝鮮半島の西岸にあり、「東南」に進むと陸である。陳寿にとって、そうした事実は関係なかったのであろう。倭国は中国の東南にある。これは陳寿の、かくあらねばならぬ、という理念なのである。

## 入れ墨の場所

倭国は中国の東南にある、という陳寿の理念は、倭人伝のなかでは、倭人の習俗を記す部分に顕著に現れている。倭人伝のなかでも有名な「黥面《げいめん》・文身《ぶんしん》（顔面と身体の入れ墨）」の部分である。

（倭人の）男子は大人と子供の別なく、みな顔面と身体に入れ墨をしている。古くから、倭の使者は中国に至ると、みな自ら大夫《たいふ》と称する。（中国最初の王朝である）夏《か》の（王）少康《しょうこう》の庶子〔妾の子〕（の無余）は、会稽《かいけい》に封建されると、髪を切り身体に入れ墨をして（龍の子に似せ）、それにより蛟龍《こうりゅう》の害をさけた。いま倭の水人〔あま〕は、水中に潜って魚や蛤《はまぐり》を捕えることを得意とする。入れ墨をすることはもともと大魚や水鳥を抑えようとしたためであった。後にようやくそれを飾りとした。諸国の入れ墨はそれぞれ異なり、あるいは左にあるいは右に、あるいは大きくあるいは小さく、（身分の）尊卑により差があった。（帯方郡からの）その道程の里数を計算すると、（倭国の都のある邪馬台国は）会稽郡の東冶《とうや》県の東方にあるのだろう。［2－（1）］

倭人伝が、倭人の男子の習俗として描いている「黥面・文身」には、典拠がある。劉備の遺言で、劉禅が『漢書』とともに読むことを命じられていた儒教経典の『礼記』王制《おうせい》篇である。

中国と四夷《しい》という五方の民は、それぞれ固有の性質がある。それを移し変えることはできない。東方（に住んでいる者）を夷といい、髪を結《ゆ》わず身体に入れ墨をする。火を使って料理をせずに食べる者がある。南方（に住んでいる者）を蛮《ばん》といい、額に入れ墨をして足を交差して寝る。火を使って料理をせずに食べる者がある。

『礼記』王制篇では、東方の「夷」は、「身に文（身体に入れ墨を）」し、南方の「蛮」は「題《ひたい》に雕《きざ》んで（額に入れ墨をして）」いたとする。倭人の習俗とされる「黥面・文身」が、東方の「夷」と南方の「蛮」の習俗を兼ね備える記述であることが分かる。それは、倭人が「東南」に居住する異民族だからである。

## 儒教の理念

もちろん、これにより、倭人が入れ墨をしていた可能性を排除するわけではない。設楽博己《したらひろみ》（編）『三国志がみた倭人たち―魏志倭人伝の考古学』（平成十三〔二〇〇一〕年）がまとめるように、日本の土器には、数多くのイレズミ絵画と見られるものが描かれているという。あるいは、『日本書紀』に、黥刑《げいけい》（刑罰として顔面に入れ墨をすること）が記録されていることや、顔に入れ墨をする飼部《かいべ》・鳥養部《とりかいべ》と呼ばれる部民《べみん》（朝廷の各種の職務を世襲的に分掌するもの）が存在した、とされていることも承知している。

ただし、報告書を提出した倭国への使者であれ、『魏略』の著者である魚豢《ぎょかん》であれ、陳寿であれ、夷狄の入れ墨と聞けば、『礼記』王制篇を想起できる教養は備えており、東方と南方では入れ墨の場所が違うとする理念は持っていた。それが当時の世界観なのである。われわれがアフリカを映したテレビ番組を見て、黒人が映っていないと違和感を覚えることと同じである。周知のとおり、アフリカ大陸には白色人種も黄色人種も居住している。『翰苑《かんえん》』の倭国の条には、『魏略』の逸文が引用されており、倭人伝のこの部分が、もともとは『魏略』の文章であったことが分かる。

『魏略』に、「女王の南にまた狗奴《くな》国がある。男子を王とする。その官を狗古智卑狗《くこちひく》という。（この国は）女王に属していない。帯方郡より女王国に至るは一万二千余里である。その習俗では、男子はみな顔面と身体に入れ墨をしている。その伝承を聞くと、自ら考えるに太伯の後裔であるという。むかし、夏の少康の子は、会稽に封建されると、髪を切り身体に入れ墨をして（龍の子に似せ）、それにより蛟龍の害をさけた。いまの倭人もまた身体に入れ墨をして、水の害を祓《はら》っている」とある。

陳寿は、『魏略』のこの文章を見て、あるいは倭への使者が提出した報告書を見て、すべての男子が「顔面と身体に入れ墨をしている」ことに疑問を感じなかったため、倭人伝に採用したのである。後述するように、これに続く、「その伝承を聞くと、自ら考えるに太伯の後裔であるという」という文章は、採用していない。陳寿が、自らの世界観と置かれた政治的状況によって、元となった史料を取捨選択して倭人伝を著していることを理解できよう。

陳寿にとって、東方の「夷」は、「身に文（身体に入れ墨を）」し、南方の「蛮」は「題に雕んで（額に入れ墨をして）」いたとする『礼記』王制篇の記述は、疑いようのない真実だったのである。

事実、東夷伝　馬韓の条には、「馬韓の男子は、時々、身体に入れ墨をすることがあった」

とあり、馬韓では、東方の要素である、身体の入れ墨だけが記録されている。韓族は、東夷である。したがって、入れ墨は身体（東）だけにあるべきなのである。倭人は、中国の東南にいる。したがって、顔面（南）と身体（東）の両方に入れ墨をしているべきである。これが儒教の理念であり、『三国志』の著された時代の世界観であった。

それをさらに明確に示している文章もある。『後漢書』列伝七十六 南蛮列伝は、南蛮の習俗を説明するため『礼記』をそのまま引用した後に、習俗の記述を始める。

『礼記』（王制篇）に、「南方（に住んでいる者）を蛮といい、額に入れ墨をして足を交差（交阯《こうし》）して寝る」とある。その習俗では、男女は川を同じくして沐浴する。このため交阯という。その西に噉人《たんじん》（人を食らう）国がある。はじめの子を生むと解《ばら》してこれを食らう、これを「宜弟《ぎてい》」という。味がうまければ、その君に贈る。君は喜んで、その父を賞する。妻を娶《めと》って美しければ、その兄に譲る。いまの「烏滸《うこ》」の人がこれである。

中国の史書において、夷狄伝は、中華の栄光を示すために書かれる部分である。南蛮や倭人のために、事実を記録しているわけではない。したがって、儒教経典の理念に基づき記録を取捨選択し、あるいは「事実」を創作して記述するものである。『後漢書』の南蛮列伝もそうした史書の書き方の一例と考えてよい。

陳寿の倭人伝に描かれた倭国の習俗には、すべて事実が書かれているわけではない。儒教の理念に基づく記述も、多く含まれているのである。

## 2　『漢書』地理志の影響

### 孫呉の背後

倭国が、孫呉の背後にあたる中国の東南にあるべきである、と陳寿に考えられていることは、先に引用した倭人伝の最後の「当《まさ》に会稽の東冶の東に在るべし（〔倭国の都のある邪馬台国は〕会稽郡の東冶県の東方にあるのだろう）」という書き方にも明らかである。ここでは、理念として在るべしということで、在るとは言っていない。「当に〜べし」という言葉の用法には、断定と推測があるが、ここでは推測である。理念として、在るのだろう、ということで、在るとは言っていない。

たとえば、倭国への使者の報告書に、倭国が会稽の東冶の東にあると明記されていれば、「会稽の東冶の東に在り」と書くことが中国の史書の通例である。陳寿の後、劉宋の范曄が著した『後漢書』東夷伝には、倭の地は、おおむね会稽の東にあるのだろう。儋耳《たんじ》郡・珠崖《しゅがい》郡（ともに海南島）と互いに近い。

とある。訓読で示せば「大較《おおむね》会稽の東に在らん」である。「大較」とあるので、これも推測である。范曄は、倭国が会稽の東にあることはもとより、それが東冶の東にあると確言できなかったのである。これに対して、陳寿は「東冶」という地名を加えている。『後漢書』東夷伝にも見えない「会稽の東冶の東」は、陳寿が、かくあるべし、と考える倭国の所在地なのである。

『漢書』巻二十八上 地理志上 会稽郡の条には「冶《や》県」があり、「もと閩越《びんえつ》（東冶を都とする国名）の地」であると顔師古《がんしこ》は注を付けている。『後漢書』列伝二十三 鄭弘《ていこう》伝には、

> もと交阯《こうし》の七郡は、貢ぎ物の輸送を東冶県より海を渡していたが、風波が厳しく、（船の）難破が相次いだ。鄭弘は、零陵《れいりょう》郡（湖南省零陵）と桂陽《けいよう》郡（湖南省郴州《ちんしゅう》市）の山道を切り開き、そうして道を開通した。そしていま（范曄《はんよう》の時代である劉宋）に至るまで常用される道路となった。

とある。『後漢書集解《ごかんじょしっかい》』志二十二 郡国志《ぐんこくし》四に引く銭大昕《せんたいきん》の説は、これを論拠に後漢の章帝《しょうてい》期には、「東冶」という地名があり、海に面していたとする。となれば、東冶は、現在の福建《ふっけん》省福州《ふくしゅう》市にあたる。その東方海上に倭国はあるべき、とされているのである。

会稽郡は、孫氏の出身地である呉郡（現在の蘇州《そしゅう》市）の南、首都が置かれた建業《けんぎょう》（現在の南《ナン》京《キン》市）からも南にあたる。まさに孫呉の背後を衝《つ》きうる地であった。その戦略的価値はきわめて高い。また、会稽郡は、夏王朝の創始者禹王《うおう》の崩御の地としても知られる。

したがって、会稽については、『漢書』巻二十八下 地理志下 粤地《えっち》の条に、

> その君主は、禹王の後裔で、帝少康の庶子であるという。会稽に封建されると、身体に入れ墨をして髪を切り（龍の子に似せ）、それにより蛟龍の害をさけた。

とある。禹王との関わりが深い地なのである。そして、すでに掲げた倭人伝の、

> 夏の少康の庶子は、会稽に封建されると、髪を切り身体に入れ墨をして（龍の子に似せ）、それにより蛟龍の害をさけた。［2－（1）］

という文章が、『漢書』地理志の会稽郡に関わる部分をほぼ引き写しにしていることを理解できよう。倭人伝は、皇帝の制書や使者の報告書に基づく史料的な価値の高い部分だけではなく、陳寿や、その種本となった『魏略』を著した魚豢の学問、具体的には『漢書』の研究に基づき創作された部分も多いのである。

**陳寿の学問**

倭人伝が、陳寿の学問によって形成された世界観により、その記述を規定されていることは明らかとなった。そこで、陳寿の学問を確認しておく。

（陳寿は）若くして学問を散騎常侍の譙周《しょうしゅう》より受けた。『尚書』「春秋三伝」を修め、『史記』『漢書』に精通して、聡明で頭の回転が早く、賢く知識が豊富で、文章を豊かに綴《つづ》った。（陳寿の条）

『尚書』と「春秋三伝」は、儒教の経典である。陳寿は、劉備の死去を『尚書』堯典に基づいて「殂《そ》」と表現することで、「春秋の筆法」を用いて蜀漢が漢を継承することを記していた。これらの経典の知識がなければ、『三国志』を理解できない。それほどまでに、陳寿はこれらの儒教経典を身体化していた。

『史記』と『漢書』は、陳寿が『三国志』を著す前に書かれていた「正史」で、唐《とう》までは『漢書』の評価の方が高かった。倭人伝にも、『漢書』の影響が色濃く見られることは、すでに確認した。陳寿が『漢書』を修めるだけではなく、『史記』にも精通しているのは、師の譙周の学問を継承しているためである。

譙周は、蜀学（益州伝統の儒教）と呼ばれる讖緯《しんい》（予言書）の学問を継承して、諸葛亮に評価され、蜀漢の勧学従事《かんがくじゅうじ》となった。諸葛亮が五丈原に陣没すると、禁令が出る前に持ち場を離れ、ただ独り弔問に赴き、その死を嘆いた。自らは荊州《けいしゅう》学（荊州に興った新しい儒教）を修めながらも、学統の異なる蜀学を保護した諸葛亮を敬愛していたためである。

譙周の讖緯の学は、本来の蜀学が天文観測に努め、天象の変化によって予言を行うことに対して、歴史のなかから予言を引き出すことに特徴を持つ。

『春秋左氏伝』によれば、晉の穆侯《ぼくこう》は太子を仇《きゅう》、弟を成師《せいし》と名づけた。大夫の師服《しふく》は、この名では兄が廃嫡されようと言ったが、そのとおりになった。後漢の霊帝《れいてい》は、二人の子に史侯《しこう》・董侯《とうこう》と（侯の名を）つけたが、即位して皇帝になった後、二人とも廃位されて諸侯となった。師服の言葉と似た現象である。先主（劉備）の諱《いみな》は備であり、その言葉の意味は具（完結する）である。後主（劉禅）の諱は禅であり、その言葉の意味は授（さずける）である。劉氏はすでに完結した、まさに人に授けるべし、ということになり、穆侯や霊帝よりもひどい。（『三国志』巻四十二 杜瓊《とけい》伝）

譙周は、このように述べて、歴史上の事例から蜀漢滅亡の予言を引き出している。したがって、譙周は歴史を究めようとした。なかでも、夏・殷・周より以前の『史記』の記述に疑問を持ち、『古史考《こしこう》』を著して、中国の歴史の始まりを明らかにしようとしたのである。陳寿は、師の学問を受け継ぎ、『諸葛氏集』『三国志』のほかに、『古国史《ここくし》』を著している。陳寿が、『史記』を修めているのは、このためである。また、益州《えきしゅう》（蜀）の地域史にも関心を抱き、『益都耆旧伝《えきときききゅうでん》』を著したが、『三国志』以外は散逸している。

### 呉と会稽

話を倭人伝に戻そう。陳寿が、倭人伝を書く際に種本とした魚豢の『魏略』は、倭人を呉との関わりで描いていた。『通典《つてん》』巻一百八十五 辺防一 東夷上 倭の条の注にも、

『魏略』に、「倭人は自ら考えるに太伯の後裔であるという」とある。

とあるように、『魏略』は、呉の祖先である「太伯」の後裔と倭人が自ら考えていたと伝える。すでに引用した『翰苑』の倭国の条には、「その伝承を聞くと、自ら考えるに太伯の後裔であるという」とあった。喜田《きた》貞吉《さだきち》「漢籍に見えたる倭人記事の解釈」（大正六〔一九一七〕年）は、『三国志』がこの文を引かなかったことについて、陳寿が倭人の黥（入れ墨）の風俗によって、越《えつ》との関係を認めたためである、としているが、そうではあるまい。

この記事を採用すると、『三国志』では書いてはならない倭人と孫呉との近接性を述べることになるからであろう。倭国の一部勢力と接触していたであろう呉の祖先が、倭人の祖先でもあれば、倭国が孫呉の領土であると認めることになる。師の譙周の学問を受けて、陳寿は、『史記』を修めることで古史の研究をしていた。このため呉の祖先である「太伯」を引用する危険性を察知したのであろう。

さらに、倭人の祖先が呉と共通するのであれば、孫呉の背後にある脅威としての倭国の像が崩れてしまう。このため、陳寿は、呉との近接性を説く『魏略』のこの記事を排除したのである。『魏略』は、唐まで完本として残っていれば「正史」に認定された、と言われることがある。しかし、倭国との関わりの描き方を見るだけでも、どちらが「正史」として優れているのかは理解できよう。『三国志』が今日まで伝わったのは故なきことではない。孫呉との関係に留意する必要がなくなってから著された『梁書』巻五十四 東夷伝 倭人の条は、ほぼ倭人伝に従いながらも、「倭というものは、自ら太伯の後裔であるという」と、倭人が「太伯の後裔」と称していたことを伝えている。

**儋耳と朱崖**

倭人伝は、倭国の習俗について、続けて次のように記している。

倭人の風俗は乱れていない。男性はみな冠や頭巾をつけず、木綿(の布)で頭を巻いて(はちまきをして)いる。倭人の衣服は広い幅の布を、ただ結び束ねているだけで、ほとんど縫うことはない。女性は総髪をさげ鬢《びん》を曲げ後ろにたらし、衣服をつくること単衣《ひとえ》のようであり、衣の中央に穴を開け、頭を通してこれを着る(貫頭衣《かんとうい》である)。(人々は)稲や紵麻《ちょま》を植え、桑を栽培し蚕を飼って糸をつむぎ、麻糸・きぬ・綿を産出する。倭人の地には牛・馬・虎・豹《ひょう》・羊・鵲《かささぎ》はいない。武器は矛《ほこ》・楯《たて》・木弓《ぼくきゅう》を用いる。木弓は下を短く上を長くし、竹の矢には鉄のやじりもあり骨のやじりもある。(倭国の土産文物の)有無の状況は、(ともに海南島にある)儋耳《たんじ》郡や朱崖《しゅがい》郡と同じである。[2-(2)]

倭国と「有無する所」が同じであるという儋耳郡・朱崖郡は、ともに現在の海南島に置かれた郡である。『漢書』巻二十八下 地理志下 粤《えっち》地の条に、

武帝の元封元《げんぽう》（前一一〇）年、攻略して儋耳郡・珠厓郡とした。民はみな衣服を着ること単被《ひとえ》のようであり、中央に穴を開けて貫頭衣とする。男子は耕作して、禾稲《いね》や紵麻《ちょま》を種《う》え、女子は養蚕して織物をつくる。馬と虎はおらず、民には五畜《ごちく》があり、山には麈《しゅ》・麖《けい》〔おおじか〕が多い。武器は矛・盾・刀・木弓・弩《ど》がある。竹の矢は、骨を鏃《やじり》とすることがある。

とある。単被・貫頭衣という衣服、禾稲や紵麻を植え、養蚕して織物をつくり、馬と虎がおらず、矛・刀・木弓を用い、竹の矢に骨のやじりを使うことが、倭人伝と共通している。

むろん、これらの習俗がすべて倭国に存在した可能性は否定しない。橋本増吉《はしもとますきち》『東洋史上より見たる日本上古史研究』（昭和三十一〔一九五六〕年）は、これらの記述は、倭の実態に基づいているとして、これを『漢書』地理志の節略（要約しながらの省略）とする菅政友《かんまさとも》『菅政友全集』（明治四十〔一九〇七〕年）・那珂通世《なかみちよ》『那珂通世遺書』（大正四〔一九一五〕年）を

批判している。

しかし、陳寿が、倭国は東南にあるとの認識のなかで、当該時代の中国西南の世界観を形成していた『漢書』地理志の記述を節略しながら、倭人の習俗を南方系につくりあげた蓋然性は高い。

すでに述べた呉の「太伯」の問題があるので、陳寿は、『魏略』よりも、倭の地を南に移動させている。『魏略』には単に「会稽郡の東」とある倭国の位置を「会稽郡の東冶県の東」としているのである。会稽郡は、南北に長い。単に会稽郡とした場合には郡治《ぐんち》(郡府が置かれた郡の都)である山陰県(浙江《せっこう》省紹興市)を指す。ちょうど北緯三十度の地点となる。日本で言えば、種子島のやや北である。これに対して、東冶県(福建省福州市)は、北緯二十六度、沖縄本島あたりとなる。陳寿が、倭国の位置をかなり南に下げたことが理解できよう。

会稽郡東冶県の東に倭国を置いたことにより、必然的に、倭国の南方系の要素は強まる。『魏略』にも触れられていた儋耳郡と珠崖郡との関係性の深さを強調する必要は、こうして生まれた。そこで、陳寿は、『魏略』には欠けている記述を『漢書』の地理志の儋耳郡や珠厓郡の部分から引き写しにしたのである。ただし、儋耳郡と朱崖郡が置かれた海南島は、北緯二十度でヴェトナムのハノイの南になる。倭国の習俗としては、南に過ぎた。後述する裸《ら》国《こく》が倭に含まれることも、こうして準備された。

このように、倭人伝の習俗は、陳寿が、かくあるべしと考える理念、具体的には、孫呉の背後の地である会稽郡東冶県の東に倭国はあるべきである、という理念に基づいて、主として『漢書』地理志から創作した部分が多かった。しかも、こうした理念に基づく記述は、倭人伝の随所に見られるのである。

## 女性が多いわけ

倭人伝のなかでも、特に目を引く地誌に、女性の多さを挙げる部分がある。

> 倭の習俗では、国の大人はみな四、五人の妻（を持ち）、下戸〔身分の低い者〕でも二、三人の妻（を持っている）。婦人は乱れず、嫉妬しない。盗みはせず、訴訟は少ない。倭の法を犯せば、軽い者はその妻子を取り上げ、重い者はその家族および一族を滅ぼす。尊卑（の間）にはそれぞれ差異と秩序があり、臣服するに十分である。〔2―（8）〕

もちろん、倭国に女性が多いことが、使者の往来に伴う実際の伝聞に基づく可能性も高い。ただし、倭国で実際に女性を見た者だけではなく、聞いた者、書き留めた者、あるいは創作した者にも、倭国には女性が多くいるべきである、という先入観があった。

それは、儒教経典の一つ『周礼《しゅらい》』夏官《かかん》 職方氏《しょくほうし》に、各地の男女比を記す部分があることによる。

東南は揚州《ようしゅう》という。……その特産は金と錫《すず》と竹の矢である。その民は二人の男性に五人の女性（という比率）である。

中国の東南にあたる揚州は、その民の男女比率が二対五であると『周礼』に記されている。「その特産」として「竹の矢」が挙げられていることにも注目してよい。『漢書』の儋耳郡と珠厓郡、倭人伝の倭国は、ともに中国の東南であるため、「竹の矢」を使うべきことが、『周礼』にも記されているからである。

女性蔑視の記述で恐縮であるが、『周礼』における男女比は、文化の中心から離れるほど、女性の比率が高くなる。中国の中心である「三河《さんが》」では、河南《かなん》が二人の男性に三人の女性、河東《かとう》も二人の男性に三人の女性、河内《かだい》が五人の男性に三人の女性と男性の比率が最も高い。これに対して、揚州と同じく辺境で、東北にあたる幽州《ゆうしゅう》（北京を中心）では、一人の男性に対して三人の女性と、女性の比率が最も高い。

中国に属さない夷狄に女性が多いのは、男尊女卑の儒教理念からすれば当然のことで、倭国でたくさんの女性を見れば、その先入観に従って、身分を問わず多くの妻を娶るという記事が書かれることになる。そうした意味では、この記事も理念の産物と考えてよい。

同じく、東夷伝のなかでも、東沃沮《とうよくそ》の条に記される「女人国」は、東方の夷狄に女性が多いという先入観を生んだ理念だけから空想された物語である。

（王頎《おうき》に老人が言った）「一つの国がまた海のなかにあり、女性ばかりで男性はおりません」と。また「一枚の布の衣服が、海のなかから浮き出たことがあります。その身ごろは中人〔ふつうの人〕の衣服でしたが、衣服の両袖《そで》の長さは三丈（約七メートル）もありました。また、一艘《そう》の難破船が、波とともに漂流して海岸に漂い着きましたが、船には項《うなじ》のところにもう一つの顔がある人がおり、生け捕りにされました。話をしても（言葉が）通ぜず、食べないまま死にました」と言った。こうした者たちのいる場所は、沃沮の東方の大海のなかである。

東沃沮は高句麗の東、大海の岸辺に住居を定める。中国で最も女性の比率が高い幽州の東北にいる夷狄である。女性が多い地に選ばれるにはふさわしい。女性ばかりで男性がいない国は、東沃沮のさらに東にある大海のなかにある、とされている。陳寿の生きた西晋では、こうした東方の夷狄観が共有されていた。それは、この部分が、張華の『博物志《はくぶつし》』(『太平広《たいへいこう》記《き》』巻四百八十　蛮夷一　沃沮の条)をそのまま引用しているものであることから理解できる。
陳寿の庇護《ひご》者であった張華の著した『博物志』は、すでに散逸したが、その制作年代は咸《かん》寧《ねい》三(二七七)年とされる。陳寿が『三国志』を著したのは、西晋が孫呉を滅ぼした咸寧六(二八〇)年以降である(陳寿の条)。したがって、『博物志』と東夷伝　東沃沮の条とが同文であれば、陳寿が張華の『博物志』から引用したと考えられるのである。

## こびとの国

倭国には、小人の国も裸の国も含まれる。女王国からさらに東南の国々として、倭人伝は、中国の典籍に記録される東南の夷狄国を掲げていく。

女王国の東、海を渡ること千余里に、また国がある。いずれも倭の種(族の国)である。また侏儒《しゅじゅ》〔こびと〕国があり、その南に位置する。人の身長は三、四尺で、女王国から離れること四千余里である。また裸国・黒歯国があり、さらにその東南である。船で行くこと一年で至ることができる。

倭の地を訪ねると、遠く離れた海中の洲島《しゅうとう》の上に（国が）あり、あるいは海に隔てられあるいは陸続きで、周囲五千余里ばかりである。［2－（12）］

「侏儒国」という言葉自体は典籍にはないが、小人の国という概念はある。『史記』巻四十七 孔子《こうし》世家《せいか》に、孔子が最も背の低いものを「僬僥《しょうぎょう》氏（の身長）は三尺（約七十センチメートル）であり、（身長の）短いものの極みである」とする言葉が記されている。また、『山海《せんがい》経《きょう》』大荒南経《だいこうなんけい》にも、「小人がおり、名づけて僬僥の国という」という記述があり、東晉の郭《かく》璞《はく》の注に、「みな（身の）長《たけ》三尺である」とある。倭人伝に記されている「侏儒国」の人々の身長は、孔子の言葉にほぼ等しい。

また、「黒歯国《こくしこく》」という国は、そのままの名称が典籍に記録される。『山海経』大荒東経《だいこうとうけい》に、「黒歯国がある」とあり、同じく『山海経』海外東経に、「黒歯国はその北にある」とある。後者の郭璞注には、倭人伝が引用されている。

これらの国々も、事実の記録ではなく、「女王国の東」「その南」とその位置が示されているように、『山海経』の大荒南経、海外東経という典籍に基づいて、「東南」の国であることを示すための叙述と言えよう。

## はだかの国とその末裔

女王国のはるか東南にあるとされる「裸国《らこく》（はだかの国）」もまた、典拠を持つ。『史記』巻一百十三 南越《なんえつ》列伝にも見えるが、古くはまだ中国を統一する前の秦《しん》で編纂された『呂氏《りょし》春秋《しゅんじゅう》』に見える。

禹《う》が裸人の住む国に行った時、裸で入国し、服を着て出てきたのは、（その国の習俗に）因《よ》ったからである。（『呂氏春秋』慎大覧《しんだいらん》）

禹王は、会稽《かいけい》で崩御したという。倭国は、会稽郡東冶県の東方海上にあるとされている。禹が行った裸国が、倭国のなかにあると観念されるのは自然なことである。

なお、倭人伝に、倭の種族の国のなかに「はだかの国」がある、と記されたことは、その後の日本人の記録にも影響を与えている。三浦国雄《みうらくにお》「『万宝全書《ばんぽうぜんしょ》』諸夷門小論－明人の外国観」（平成十七〔二〇〇五〕年）によれば、明代の日用類書（民のための百科事典）には、二種類の日本人が載せられているという。そのうちの一つが「はだかの国」の末裔となろう。

日本国。すなわち倭国である。新羅《しんら》国の東南の大海のなかに、山や島によって居住している。九百余里である。もっぱら海に沿って寇《こう》をなして生活している。中国では、「倭寇」と呼んでいる。（『妙錦《みょうきん》萬寶全書』）

東南の大海のなかに、山や島によって居住する、という倭人伝に基づく記載と、明代の中国が苦しめられた「倭寇」の記述が混在しているが、注目すべきは、その図像である（**図2**）。上半身がはだか、足元がはだしで、抜き身の日本刀を肩に担いでいる「野蛮人」の見本のような姿、これが、「はだかの国」の末裔である。倭人伝の「はだかの国」は、「倭寇」へと繋がっていくのである。

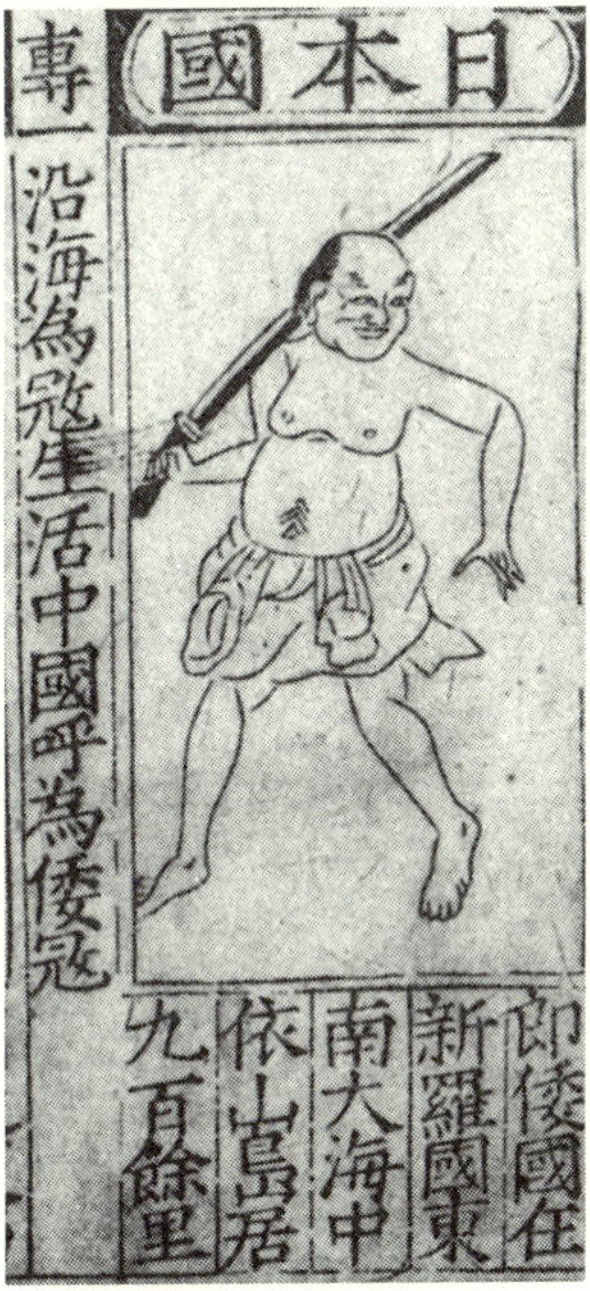


**図2　はだかの日本人**（『妙錦萬寶全書』諸夷門〔汲古書院集成本〕より）

これらの記述は、劉禅に劉備が必読の書とした『礼記』や『漢書』といった、この時代の知識人であれば、誰もが読んでいた書籍から、東南の大国の習俗を理念的に創りあげた蓋然性が高い。事実そのままの記録と考えることはできないであろう。

## 3　一万二千里の彼方

### 『尚書』禹貢篇の世界観

陳寿は、『礼記』や『漢書』に依拠しながら、東南の大国としての「倭国」の習俗を理念的に創りあげていた。さらに、倭人伝は、その世界観の根底に、儒教経典である『尚書』を置いている。『礼記』や『漢書』以上に、統一的な世界観として、後漢末から三国時代の知識人に受容されていたものは、『尚書』禹貢《うこう》篇の世界観なのである。それは倭人伝を含む東夷伝が、『尚書』禹貢篇を引用する序文から始まることにも明らかである。

『尚書』（禹貢篇）は、「（天子の統治が及ぶ領域を）東は勃海《ぼっかい》にまで漸《すす》み、西は流砂《りゅうさ》に被《およ》ぶ」と称している。その九服の制度に含まれる地域については、根拠に基づき（その国の様子を）述べることができる。しかし、「荒域」（「九服の最も外側に位置する」荒服《こうふく》よりも外の地域）は、（そこからの使者が）通訳を重ねて至ることはあっても、（中国人の）足跡や馬車の軌《わだち》はそこまで及ばず、その国々の習俗や異なった特徴を知る者はなかった。虞舜《ぐしゅん》より周《しゅう》代に至るまで、西戎《せいじゅう》が白玉の環《たま》の献《けん》を捧げ、東夷《とうい》が粛慎《しゅくしん》（氏の矢）の貢《こう》を捧げることはあっても、ともに久しく離れた世において至るもので、その距離の遠さはこのようなものである。

東夷伝の序文は、冒頭に『尚書』禹貢篇を引用しながら、天子の統治する地域を「九服《きゅうふく》」と理解する。しかし、『尚書』禹貢篇は、中国の中心である王畿《おうき》の外側に⑴甸服《でんぷく》・⑵侯服《こうふく》・⑶綏服《すいふく》・⑷要服《ようふく》・⑸荒服《こうふく》の「五服」という地域が、次第に広がるという世界観を持つ。「九服」ではないのである。東夷伝の序文は、『尚書』禹貢篇を引用しながらも、本来の『尚書』禹貢篇とは異なる世界観を示している。

東夷伝の序が「五服」ではなく、「九服」とするのは、本来、方五千里説（一辺が五千里〔約二千百七十キロメートル〕の正方形を天下と考える説）を取っていた今文学《きんぶん》（漢代の文字〔今文〕で著された経典を解釈する学問、後漢の官学であった）の『尚書』から、方一万里説（一辺が一万里〔約四千三百四十キロメートル〕の正方形を天下と考える説）を取る古文学《こぶん》（前漢末に発見された漢以前の文字〔古文〕で著された経典を解釈する学問、前漢を滅ぼした王莽《おうもう》や曹魏が尊重した）の『尚書』へと、尚書学派の学説を移行させることに大きな影響を与えた『周礼』の世界観の影響を受けているためである。

## 方一万里の世界

中国は、自らの世界（天下）の大きさを、儒教経典の解釈により定めていた。それは、方三千里（約千三百二キロメートル）から方一万里へ、漢民族だけの「九州《きゅうしゅう》（中国）」から、異民族を含む「天下（世界）」へと変化していく。

前漢の初めに成立した『礼記』王制篇では、「九州（中国）」を方三千里としていた。すなわち、一辺が三千里の正方形が、中華の政治空間である「九州」と考えられていたのである。ここには、理念として夷狄は居住しない。『礼記』王制篇が成立したとされる前漢の文帝期は、対外的に消極策を取っており、夷狄の居住範囲までをも「天下」に含める発想は、いまだ必要とされてはいなかった。

やがて、前漢の武帝期に中国の支配が、朝鮮やヴェトナムといった夷狄の地に及ぶにつれて、「九州（中国）」の概念は拡大した。中国が夷狄をも支配できる「天下」という理念を完成した者は、前漢を簒奪した王莽である。王莽は、中国が夷狄を支配することの正統性を構築するために、世界観に『春秋公羊伝《くようでん》』を組み合わせる。日本でも幕末に流行した厳しい攘《じょう》

**図3　東夷伝、方一万里の世界観**

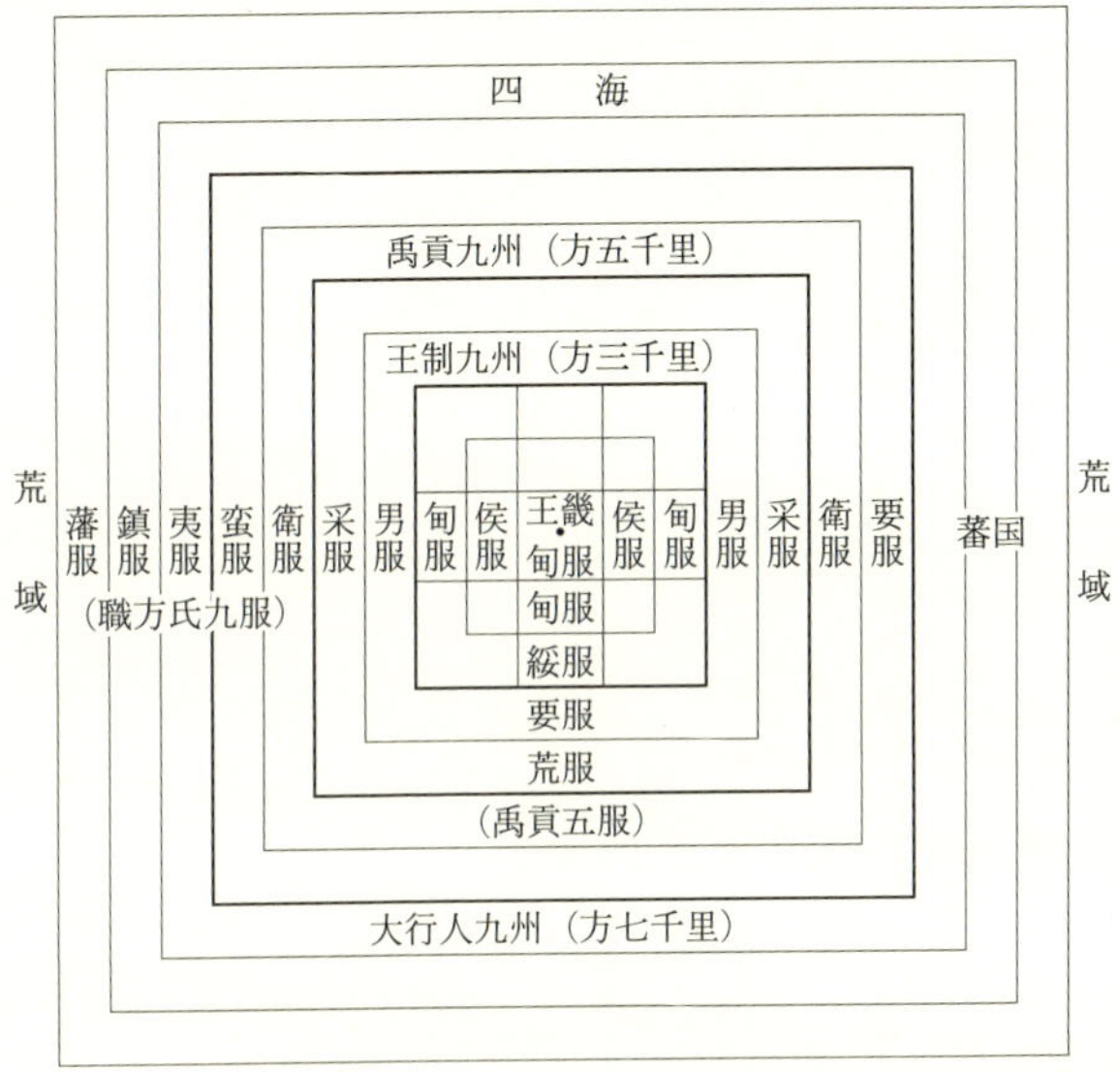


夷《い》思想を持つ経典である。『春秋公羊伝』は、成公十五年に、「王者は天下を一にするを欲す（王者は天下を統一することを望む）」と述べ、「大一統（統一を大《とうと》ぶ）」の範囲を「天下」に求める。そして、隠公元年に、「王者に外無し（王者に外はない）」と述べて、王の威信の及ぶ「天下」に夷狄の居住地を含めている。こうして『春秋公羊伝』は、攘夷思想を背景に、夷狄の居住地までをも「天下」に含め、それを「大一統」すべきという理想を説く。

　王莽は、これを当初『礼記』の「九州」説と組み合わせたが、『礼記』の「方三千里」の夷狄を含まない「九州」と、『春秋公羊伝』の夷狄を含む「天下」の「大一統」では相互矛盾を来《きた》した。そこで、『尚書』禹貢篇の「九州」説を採用するに至ったのである。

『尚書』禹貢篇における「九州」の「天下」概念は、今文学・古文学の違いによって、「方五千里」と「方一万里」という解釈が並存していた。今文の歐陽尚書《おうようしょうしょ》学と夏侯尚書《かこうしょうしょ》学は、中国（九州）を「方五千里」、古文尚書学は「方一万里」と主張していた。王莽は、古文尚書を官学としていたため、天下を「方一万里」とする古文尚書の「天下」概念を採用する。

しかし、『尚書』禹貢篇もまた、「九州（中国）」に加えて夷狄の居住地域を設定することはない。そこで、王莽が最も尊重した古文経典である『周礼』の「天下」概念を導入する。『周礼』は、天下＝「九州（中国）」＋「蕃国《ばんこく》（四海）」説を取る。そこで、王莽は、『尚書』禹貢篇に基づき天下を方一万里としたうえで、『周礼』の「天下」概念を加え、異民族をも含めた中国の支配領域を方一万里、すなわち一辺が一万里の正方形と定めたのである。

『周礼』夏官司馬 職方氏は、王畿と❶侯服《こうふく》・❷甸服《でんぷく》・❸男服《だんふく》・❹采服《さいふく》・❺衛服《えいふく》を中国、❻蛮服《ばんふく》・❼夷服《いふく》・❽鎮服《ちんふく》・❾藩服《はんふく》を夷狄の居住地域とする九服説を取る。東夷伝の序は、九服の外側に、『尚書』の⑸荒服を起源とする「荒域」を設定することで、夷狄を含む『周礼』の世界観を援用しながら、『尚書』禹貢篇の世界観を夷狄を含むものにしたのである。

後述する裴秀《はいしゅう》の地図も「禹貢地域図」と名づけられていたように、『尚書』禹貢篇を世界観の根底に置く者は、陳寿だけではない。

このように西晉における世界観を規定している『尚書』禹貢篇は、世界を「方一万里」の「天下」＝「九州（中国）」＋「蕃国（四海）」と規定するものであり、東夷伝の序は、その外側に「荒域」を設定したのである。

この世界観によれば、中国の中心洛陽から西の端である敦煌《とんこう》までは、五千里となる。梁《りょう》代の認識ではあるが、『後漢書』志二十三 郡国志五の注には、洛陽から敦煌までの距離は、「五千里」と記されている。朝鮮半島の楽浪郡は、洛陽から東北の隅にあたるので、三角関数の知識があれば、五千里×$\sqrt{2}$であるが、『後漢書』郡国志五の注には、洛陽から五千里と記される。帯方郡は、楽浪郡のやや南であるが、同じく端なので、「五千里」とされる。計測したわけではないので、大きな距離は、理念によって定まる。天下が方一万里であれば、長城も万里なのである。ここまでが東夷伝の言う「九服」の範囲である。

そして、東夷伝の序によれば、「九服」の外である「荒域」は、舜や周といった聖王の御《み》世《よ》でも、世代をあけて稀《まれ》に使者が来るほどの遠い地域であるという。九服の外の夷狄が貢献に来るのは、中華の徳を慕ってのことであるから、なるべく遠くから多くの民族が頻繁に来ることが理想である。東夷伝、ひいては倭人伝執筆の最大の目的が、この理念の証明にあることは、邪馬台国の位置を考える時に、最も重要な認識となる。

邪馬台国論争の最大の争点とされる里程と距離は、こうした理念と世界観をもとに記されている。

**邪馬台国までの距離**

帯方郡から倭に行くには、海岸に沿って海を行き、韓《かん》国を経て、あるいは南にあるいは東にすすみ、倭の北方の対岸にある狗邪《くや》韓国《かんこく》に到着する。この間は①七千余里である。そこから初めて一つの海を渡り、②千余里で対馬国《つしまこく》に至る。……また南に一つの海を渡り③千余里すすむが、（この海は）名づけて瀚海《かんかい》といい、一支《いき》国に至る。……［1―(2)］

また一つの海を渡り、④千余里すすむと末盧《まつら》国に至る。……東南に陸を行くこと⑤五百里で、伊都《いと》国に到着する。……（この国には）代々王がおり、みな女王国に統属している。（ここは帯方）郡からの使者が（倭国と）往来する時に、常に駐《とど》まるところである。［1―(3)］

東南にすすんで奴《な》国《こく》に至るまで⑥百里。……

東にすすんで不弥国《ふみこく》に至るまで⑦百里。……［1－(4)］
南にすすんで投馬国《とうまこく》に至る、⑧水を行くこと二十日である。……
南にすすんで邪馬台国に至る。女王が都を置いているところである。⑨水を行くこと十日、陸を行くこと一月である。……［1－(5)］
その南には狗奴国《くな》があり、男子を王とする。その官には狗古智卑狗《くこちひく》がある。(この国は)女王に服属していない。帯方郡より女王国に至るまで⑩一万二千余里である。［1－(7)］

倭の諸国と道程の記事の終わりとして、陳寿は帯方郡から女王国までの距離を⑩「一万二千余里(約五千二百八キロメートル)」と総括する(目次裏の図「邪馬台国への里程」を参照)。

大和説・九州説を問わず、ともに理解に苦しむ点が、この一万二千余里である。帯方郡から狗邪韓国までは①「七千里(約三千三十八キロメートル)」、狗邪韓国から不弥国までは三千七百里(②〜⑦の合計、約千六百六キロメートル)であることは記されているので、不弥国から邪馬台国は千三百里(約五百六十二キロメートル)となる。なお、すでに紹介した榎一雄の「放射説」でも、狗邪韓国から伊都国までは三千五百里(②〜⑤、約千五百十九キロメートル)とあるので、伊都国から邪馬台国までは千五百里(約六百五十一キロメートル)となる。

大和説・九州説とも、不弥国の百里（約四十三キロメートル）前の奴国は、博多とすることが共通理解であるから、博多から会稽郡東冶県の東方海上までが、千四百里（約六百八キロメートル）という計算になる。直線距離で言えば、博多から那覇までの直線距離が八百キロメートル強であるから、もう少し距離が欲しいところである。一万二千余里は、陳寿の想定した場所に至るにはやや短い。

**『魏略』の逸文**

『翰苑』に引く『魏略』には、伊都国までの道程が残されている。

『魏略』に曰く、「帯方郡から倭に行くには、海岸に沿って海を行き、韓《かん》国を経て狗邪《くや》韓《かん》国に到着する。この間は①七千余里である。そこから初めて一つの海を渡り、②千余里で対馬《つしま》国に至る。その大官を卑狗《ひこ》といい、副を卑奴《ひな》という。良田はなく、南北から米穀を買い入れている。南に海を渡り一支《いき》国に至る。③官を置くこと対馬国と同じである。（広さは）方三百里である。また海を渡り、④千余里すすむと末盧《まつら》国に至る。人はよく魚を捕え、潜ってこれを取る。東南に⑤五百里で、伊都《いと》国に到着する。⑥（人家は）万余戸である。その国王はみな女王に属している」と。

類書という書物の性格上、節略されることが多く、しかも、太宰府天満宮《だざいふてんまんぐう》に所蔵される抄本の『翰苑』という孤本（他に残存しない唯一の本）に引用されている『魏略』という限定もあって、これがどこまで本来の『魏略』の姿を残しているか、確定することはできない。ただし、単なる倭人伝の節略ではないことは、傍線部の「官を置くこと対馬国と同じ」「戸万余」（倭人伝は「千余戸有り」）という部分が、倭人伝には見えないことから理解できる。

この『魏略』には、倭人伝には記される、奴国・不弥国・投馬国、そして邪馬台国の記述がない。倭国を含む「蕃夷部」だけを書き写したという太宰府本『翰苑』の性格からすれば、太宰府本のもととなった本来の『翰苑』に引かれていた『魏略』にも、邪馬台国に至る道程は記されていなかった蓋然性は高い。

太宰府本『翰苑』に引かれた『魏略』には、邪馬台国そのものを記した部分はある。

　『魏略』に曰く、「女王（国）の南には狗奴《くな》国があり、男子を王とする。その官は狗古《くこ》智卑狗《ちひく》という。（この国は）女王に服属していない。帯方（郡）より女王国に至るまで一万二千余里である。……」と。

倭人伝では、女王国より北の国々を列挙した部分が、『翰苑』に引かれた『魏略』には、欠けているのである。『魏略』は、狗奴国が服属していないこと、および「帯方」（倭人伝では「郡」）より女王国まで一万二千余里であることを記したのち、「其の俗、男子は皆黥面文身」していることが続く。

これ以外の『魏略』が残存しないため、現在ではこれが陳寿の見た『魏略』に最も近いと考えられるものとなる。ここにはすでに、帯方郡から邪馬台国までが一万二千余里であること、帯方郡から狗邪韓国までは①「七千里」、狗邪韓国から伊都国までは「二千五百里（約千八十五キロメートル）」（②＋④＋⑤）＋対馬国〜一支《いき》国（距離の記録なし）であることが記されている。陳寿が書き加えられる部分は、すでに「二千五百里ー（対馬国〜一支国）」しかない。

倭人伝を見ると、陳寿は、対馬国〜一支国を②「千里（約四百三十四キロメートル）」とし、伊都国〜奴国を⑥「百里」、奴国〜不弥国を⑦「百里」、不弥国〜投馬国⑧「水行二十日」、投馬国〜邪馬台国を⑨「水行十日、陸行一月」として、あわせて⑩「一万二千余里」としている。

不弥国までは、国と国との距離が里数で表現されているにも拘らず、不弥国から投馬国（⑧「水行二十日」）、投馬国から邪馬台国（⑨「水行十日、陸行一月」）という、邪馬台国に至る最も重要な部分だけ、表記方法が異なることに気づく。この表記方法の違いは、基づいた原史料が異なるからではあるまい。『魏略』は、⑤までしか記述されておらず、陳寿が⑥⑦と⑧⑨を記録したと考えられるためである。ともに、陳寿の手によりながら、最後の部分だけ表記方法が異なる理由は、倭人伝が持っている世界観に求められる。

**水行・陸行**

司馬懿が四千里（約千七百三十六キロメートル）の距離にある遼東の公孫氏の討伐に向かう際、明帝は平定にかかる日数を尋ねている。司馬懿は、「往きに百日、攻撃に百日、帰りに百日、六十日間を休息にあてます。このようにすれば、一年で十分です」と答えた（『三国志』巻三　明帝紀　注引干宝『晉紀』）。四千里を百日で陸行するのであるから、一日四十里（約十七キロメートル）となる。漢代では、徒歩で一日五十里（約二十二キロメートル）を歩くとされており、司馬懿は軍隊を率いている分だけ、一日につき十里分、余計に時間がかかると計算している。

不弥国から投馬国を経て邪馬台国までは、すでに述べたように千三百里。それを不弥国～投馬国⑧「水行二十日」、投馬国～邪馬台国⑨「水行十日、陸行一月」で行くのは、明らかに日数がかかり過ぎである。陸行一月は、司馬懿の軍旅としても、四十里×三十日で千二百里（約五百二十一キロメートル）は進める。それに、水行があわせて三十日分あるのだから、陳寿は困ったであろう。

ここに、「水行」「陸行」と表現される理由がある。中国史家が「水行」「陸行」という表現ですぐさま思い出すのは、『史記』の夏本紀である。念のため確認したところ、「水行」「陸行」を並用している事例は、陳寿伝・陳寿の条に掲げられる陳寿の読書範囲のなかでは、禹に関わるものだけであった。

（禹は舜の命を受けて）外に居ること十三年間、家の門（の前）を過ぎてもあえて入ることはなかった。……陸行には車に乗り、水行には船に乗り、泥を行くには橇《そり》に乗り、山を行くには檋《かんじき》に乗り、……九州を開き、九道を通じ、九沢を陂《せきと》め、九山を度《わた》った。（『史記』巻二　夏本紀）

陳寿は、邪馬台国に向かう使者の道程を「九州」を開いた禹の苦労に準《なぞら》えたのである。司馬懿が一日四十里進む場所は、中国（九服の内側）である。道も整備されていよう。これに対して、邪馬台国は、九服の最も外側「荒服」のさらに先にある未開の国である。その道を行くのに、中国を進む以上の日程が必要となるのは当然である。

「陸行」だけではなく、「水行」を加えたのは、邪馬台国への使者の報告書に、「水行」したことが記されていたからであろう。ことに、不弥国から投馬国の間は、「水行二十日」と「水行」だけで進んでいる。邪馬台国論争において、大和説論者がこれを瀬戸内海や日本海を進むことに比定していることは故なきことではない。

こうして陳寿は、禹の故事を援用することにより、最後の距離感を使者の日数で調整し、帯方郡から邪馬台国までの距離を一万二千里に合わせたのであった。

## 4　クシャーナ朝との釣り合い

### 一万二千里の理由

陳寿が、帯方郡から邪馬台国までの距離を一万二千里としたのは、直接的には『魏略』に従ったのであろう。それでは、『魏略』の著者魚豢《ぎょかん》も陳寿も、なぜ「一万二千里」としたのであろうか。これには、岡田英弘『倭国の時代』の仮説がある。邪馬台国の卑弥呼に与えた「親魏倭王」とクシャーナ朝のヴァースデーヴァ王に与えた「親魏大月氏王」の釣り合いを保つために、邪馬台国とクシャーナ朝は、洛陽から等距離に置かれたとするもので、有効な考え方と言えよう。

ただし、岡田が、陳寿が里数を嘘と知りつつ書いた、とすることには同意しない。岡田英

弘『倭国』は、

『晉書』の「張華列伝《ちょうか》」に、幽州から馬韓《ばかん》までを四千余里と言っている。幽州刺史は薊《けい》（北京）にいたが、応劭《おうしょう》の『漢官』には薊を「洛陽の東北二千里」と言う。……また洛陽から楽浪郡までが五千里だから、幽州－楽浪郡は三千里で、馬韓は楽浪郡から一千余里になる。……東夷伝の韓地が方四千里ばかりとか、帯方郡から狗邪韓国まで七千余里というのは嘘と知りつつ書いたもので、したがって邪馬台国の万二千余里も同じく嘘である。

と述べている。たしかに幽州刺史がいたのは薊であるが、張華は幽州刺史ではない。しかも『晉書』巻三十六 張華伝は、

東夷の馬韓・新弥《しんび》の諸国は、山に依《よ》り海を帯び、州を去ること四千余里で、歴世いまだ（中華に）附したことのない二十余国が、みな使者を派遣して朝献してきた。

と伝える。この場合の「州を去ること」は、持節《じせつ》し、都督《ととく》幽州諸軍事で、領護烏桓校尉《りょうごがんこうい》でも

あった安北将軍《あんほくしょうぐん》の張華が管轄する「幽州の州境を去ること」と読んで一向に差し支えない。幽州には、楽浪郡・帯方郡も属しているため（『晉書』巻十四 地理志上）、州境で韓地の北に接する帯方郡から「方四千里」の韓地の南端である馬韓までは四千里であり、倭人伝に矛盾することは何もない。陳寿は、後述するように、西晉の公式見解に基づいて一万二千余里と記していると考えられる。

話を元に戻そう。『後漢書』西域伝によれば、邪馬台国と同等の称号を持つ大月氏国は、洛陽から一万六千三百七十里の彼方にある。『後漢書』列伝七十八 西域伝 大月氏国の条に、

大月氏国は、藍氏城《らんしじょう》（バクトラ）を居城とし、西は安息《あんそく》（パルティア）に接し、行くこと四十九日、東は長史の居る所を去ること六千五百三十七里、洛陽を去ること一万六千三百七十里である。（大月氏国の）戸数は十万、口数は四十万、勝兵《しょうへい》（精兵）は十余万人である。

とある。洛陽から大月氏国までの距離が一万六千三百七十里（約七千百四キロメートル）とされているほか、大月氏国は、戸（世帯）数十万、口（人口）数四十万、勝兵（精兵）十余万の大国とされることにも、留意しておきたい。倭国が大国に描かれる理由となるためである。

朝貢する夷狄が遠方であればあるほど、それを招いた執政者の徳は高い。邪馬台国を招いた執政者の徳を大月氏国のそれと同等以上にするためには、邪馬台国は洛陽から一万七千里の彼方にある必要が生まれる。洛陽から帯方郡までが五千里であるから、邪馬台国は帯方郡から一万二千余里となる。これが、帯方郡から邪馬台国までの距離を一万二千余里としている理由である。

このように、倭人伝の距離と方位は、理念に基づいて作成されている。距離は大月氏国と同等、方位は呉の背後となるように設定されているのである。それは、『三国志』のなかで、ともに「親魏○○王」となる「親魏大月氏王」と「親魏倭王」とを対比させて表現するためであった。

## 東南の大国

倭国が孫呉の海上支配に対抗できるためには、それなりの大国でなければならない。蜀漢の涼州進攻および西域《さいいき》の異民族との連携に対抗するために、「親魏大月氏王」の称号を賜与された大月氏国は、その任にふさわしい大国であった。

倭国の大きさについて、倭人伝は、「周旋五千余里」であると記録する。「周旋」とは、周囲という意味であり、「方五千里」の広さを持つ。陳寿は、中国が支配する天下を方一万里と観念しているので、方五千里は大きい。

東夷伝　夫余の条によれば、夫余は「方可二千里（方二千里可《ばか》り、ほぼ方二千里）」、高句麗の条によれば、高句麗は「方可二千里」、東沃沮の条によれば、東沃沮は「可千里」、韓の条によれば、韓は「方可四千里」である。倭国は東夷中、最大の国家と認識されている。倭国は、孫呉の背後にある東方の大国である、という理念を倭国の大きさからも確認することができる。

また、倭国の戸口は、次のように記載されている。

対馬国に至る。……（人家は）①千余戸であるが、良田はなく、海産物を食糧として自活し、船に乗って南北から米穀を買い入れている。

一支国に至る。……②三千ばかりの家がある。田地は少しあるが、田を耕しても食べる分には足りないので、また南北から米穀を買い入れている。［1―（2）］

末盧国に至る。……（人家は）③四千余戸であり、（人々は）山裾《やますそ》や海浜《かいひん》に沿って居住している。

伊都国に到着する。……（人家は）④千余戸である。（この国には）代々王がおり、みな女王国に統属している。（ここは帯方）郡からの使者が（倭国と）往来する時に、常に駐《とど》

まるところである。［1―（3）］

東南にすすんで奴国に至るまで百里。……（人家は）⑤二万余戸である。

東にすすんで不弥国に至るまで百里。……（人家は）⑥千余家である。［1―（4）］

南にすすんで投馬国に至る。……（人家は）⑦五万余戸ばかりである。……

南にすすんで邪馬台国に至る。女王が都を置いているところである。……（人家は）⑧七万余戸ばかりである。［1―（5）］

倭国は、邪馬台国が⑧七万余戸、投馬国が⑦五万余戸、不弥国が⑥千余家、奴国が⑤二万余戸とされ、その他（①対馬国の千余戸、②一支国の三千、③末盧国の四千余戸、④伊都国の千余戸）と合わせると、約十五万戸の大国となる。遼東半島から朝鮮北部を支配していた公孫氏が滅亡した際、接収された戸が約四万であったことを考えると（『晉書』巻一 宣帝紀）、いかに大国に描かれているのかを理解できよう。

さらに、『翰苑』の倭国の条に引かれた『魏略』の逸文は、倭人伝が「千余戸」とする伊都国の戸数を「戸万余」につくる。帯方郡からの使者が倭国と往来する時には、常に駐まるところとされる伊都国であれば、他国とのバランスから言って、一万余戸の方がふさわしい。そうであれば、倭国の戸口は、約十六万戸となる。一戸は五口から成ることが、この時代の平均であるから、約十六万戸であれば、八十万人の口数となる。いずれにせよ、大月氏国の「戸十万、口四十万」をはるかに上回る大国である。

それとともに、倭人伝の記録が『魏略』に基づいていることは、倭国を大月氏国にも匹敵する大国に想定することが、陳寿の『三国志』以前からある、曹魏の共通認識であったことを示す。『魏略』の方が『三国志』よりも先に、曹魏の時代に著されているためである。

こうした認識を背景としながら、邪馬台国は会稽東治の東、帯方郡から一万二千余里の彼方にある東南の大国と位置づけられていく。

## 裴秀の「禹貢地域図」

陳寿が観念する邪馬台国は、『魏略』の記す会稽郡よりも、さらに南方の会稽郡東冶県の東方海上に位置づけられている。それは、邪馬台国が孫呉の後背地に存在すると観念するためであった。それでは、陳寿あるいは『魏略』の著者魚豢、さらには倭人伝の読者たちは、なぜその位置が孫呉の後背地であると認識できたのであろうか。ここに、西晋時代において倭国の位置を記す地図の存在したことが想定される。

西晋の建国の功臣の一人裴秀は、国家的身分制としての貴族制の確立を促した五等爵制の制定に与《あずか》るなど、西晋の政治史で重要な役割を果たしたが、中国地図史のうえでも画期的な成果を挙げている。それが一定の縮尺で描かれた「禹貢地域図」という裴秀の地図である。また、裴秀は「禹貢地域図」を縮小した「地形方丈図《ちけいほうじょうず》」を製作しており、唐の張彦遠《ちょうげんえん》の『歴代名画記』に名が挙げられるように、それは唐代まで伝えられていた。

室賀《むろが》信夫《のぶお》「魏志倭人伝に描かれた日本の地理像」（昭和三十一〔一九五六〕年）は、裴秀は、青年期と晩年に倭の使者を目の当たりにしたはずで、その地図上に倭国が記入されたと想像しても根拠がないことだとは言えない、という。裴秀と司馬氏との密接な関係を考えると、司馬懿の功績に重要な位置を占める倭国が、裴秀の地図に描かれていた可能性は高い。

裴秀の「禹貢地域図」の影響下にあるという阜昌《ふしょう》七（一一三七）年の「石刻禹跡図《せっこくうせきず》」は、朝鮮半島の南部から海南島のあたりまでを約五千里としている。これに従えば、陳寿が見た裴秀の「禹貢地域図」では、朝鮮半島の南部から会稽郡の背後までを約五千里としていたことになる。これが、陳寿あるいは魚豢が、会稽郡の東方海上にあるべき女王国の狗邪韓国からの距離を五千里（帯方郡からの距離を一万二千里）とした拠り所なのではないか。

裴秀の西晉における重要性を考えれば、「禹貢地域図」を陳寿が見なかった可能性は低い。陳寿の世界観が『尚書』禹貢篇を基底に置いていたことは、すでに述べたとおりである。陳寿が継承した帯方郡から邪馬台国までを一万二千里とする『魏略』の記述は、現在から見れば理念であるが、西晉の公式見解であった可能性が高いのである。

# 第五章　邪馬台国の真実

## 1　理念と事実

### 理念の背景

倭人伝は、陳寿の『三国志』が全体として持つ偏向を共有していた。司馬懿の功業を宣揚する、という目的のために、陳寿は、司馬懿の遼東平定に伴い来貢した倭国を、孫呉の脅威たるべき東南の大国として好意的に描いたのである。

ただし、倭国を孫呉の背後にある東南の大国と認識することは、陳寿に始まるわけではない。曹魏の外交方針そのものが、蜀漢に対抗する大月氏国と同等の存在に、孫呉の背後にある倭国を押し上げていた。また、西晉も、宣帝司馬懿の功績を称えるため、曹魏の邪馬台国認識を継承した。陳寿の倭人伝は、こうした曹魏―西晉の認識を経典などの引用により、さらに強調したものである。それは、現行の『晉書』が卑弥呼の遣使そのものを司馬懿の功績と記述していることと同じである。

したがって、倭人伝は、理念と事実が入り混じる記録となった。邪馬台国論争が繰り広げられた方位・距離の比定は、倭人伝の執筆者たちの理念に覆われている。卑弥呼の使者を洛陽に送り届けた帯方太守から、報告書を記した邪馬台国への使者、倭国の扱いを議した朝臣たち、『三国志』の種本となった『魏略』の著者魚豢《ぎょかん》、倭国を含むであろう地図を描いた裴《はい》秀《しゅう》、そして陳寿という倭人伝の執筆者たちである。このため、邪馬台国はどこか、という問いは、倭人伝では邪馬台国はどこか、という問いに限定するのであれば、一ヵ所しか答えはない。倭人伝に記される邪馬台国は、九州でも大和でもなく、会稽《かいけい》郡東冶《とうや》県の東方海上に存在する。これが、理念のうえから見た邪馬台国の位置である。

しかしながら、倭人伝をすべて理念の産物と片づけることも正しくない。邪馬台国は、会稽郡東冶県の東方海上に存在する、という理念の背景を考えていくことにより、三世紀の日本に存在していた、現実の邪馬台国へと近づいていくことができるからである。実際に倭国に赴いた使者の報告書に基づく事実の記載は、三世紀における倭国の国制や社会のあり方を今日に伝え、描かれた外交関係は、三国それぞれの異民族への政策を浮き彫りにする。

外交政策で言えば、漢という統一国家が存在する時、周辺の異民族は、服従か抵抗かという二者択一を迫られた。ところが、三国時代には、他の国と結んで対抗するという選択肢が生まれた。三国がそれぞれ、敵対国の背後の異民族と手を組むことを目指したためである。

邪馬台国を曹魏が庇護したように、狗奴国《くなこく》に孫呉が関わりを持ったのか否かを伝える史料はない。しかし、その可能性が邪馬台国への破格な待遇と理念化の理由であった。邪馬台国は、会稽郡東冶県の東方海上に、孫呉の背後に存在することになったのである。現実の邪馬台国の位置とは関係なく、そこになければならない国際関係があった。また、倭国を表現する際には、詔や使者の報告書という一次史料がありながらも、三国時代の世界観が擦り込まれた。この結果、倭人伝は、理念と事実が混淆《こんこう》する記録となったのである。

しかし、実際に邪馬台国まで往復した使者の報告書を陳寿、あるいは魚豢や王沈《おうしん》は見ているはずである。その記録の反映と考えられる、中国の経典や史書に典拠のない叙述が、倭人伝には存在する。その部分こそ、三世紀の倭国の事実を今日に伝える貴重な記録である。

本書で解明した理念と事実の区別を附章の番号に従ってここで整理し、「はじめに」で提言した、使者の報告などに基づく部分と、史家の持つ世界観や置かれた政治状況により著された観念的叙述の部分とを分けておこう。

### 朝貢と回賜および制書

倭人伝の記述を大きく三つに分けた際に、最も信頼性の高い部分は、景初三（二三九）年に始まり正始八（二四七）年に至る、倭国からの四回の朝貢と曹魏の対応、および卑弥呼を親魏倭王に封建する制書を記録した**3**「朝貢と回賜および制書」である。

**3**－（**1**）「朝貢と回賜、制書」は、冒頭の「景初二年」が「景初三年」の誤りである以外は、事実の記載である。その中心を占める皇帝曹芳の制書が史官により変更される可能性は、ほとんどない。中国の史書は、皇帝の命令書を改竄《かいざん》しないことが原則だからである。この制書で注目すべきは、回賜の品目を掲げた後に、多くの財物を選んで賜与するという特別な恩恵を加えていることである。倭国への好意は、『三国志』を起源とするのではなく、卑弥呼の使者が洛陽を訪れた時に出された制書にまで遡る。親魏倭王の卑弥呼は、鏡を特注して優遇すべきほど、そして、親魏大月氏王に匹敵する、曹魏にとって特別な存在であった。

3－(2)「往来する使者」も、事実の記載と考えてよい。卑弥呼が使者を派遣した3－(1)では劉夏であった帯方太守は、正始元年から弓遵《きゅうじゅん》に代わっている。ちなみに、明帝が公孫淵の討伐中に任命した帯方太守が劉昕《りゅうきん》、正始八年に帯方太守になった者が王頎《おうき》である。倭人伝に記される帯方太守を年代順に並べると、劉昕〔景初二（二三八）年～〕→劉夏〔景初三（二三九）年～〕→弓遵〔正始元（二四〇）年～〕→王頎〔正始八（二四七）年～〕となる。かれらのなかでは、正始元年に、邪馬台国からの最初の使者を帰国させるとともに、曹魏からの使者を送り出し、邪馬台国からの正始四年の使者を受け入れた弓遵が、最も倭国との関係が深い。

3－(3)「倭国の乱を見届ける」も、使者の報告などに基づく、事実の記載と考えられる。倭人伝では明言されない、壱与《いよ》が掖邪狗《えきやく》を派遣した時期について、（正始）八（二四七）年であるとする『冊府元亀《さっぷげんき》』巻九百六十八　外臣部　朝貢第一の典拠は不明である。同じく宋代の類書でありながら、『太平御覧《たいへいぎょらん》』が引用した典籍を明記することに対して、『冊府元亀』は引用元を明らかにしないためである。「八年」以上続いた元号は、正始のほかでは泰始《たいし》となり、泰始八（二七二）年では遅すぎる。そこで「正始」を補い、（正始）八（二四七）年としている。

**倭国の地誌と政治体制**

入れ墨（黥面《げいめん》・文身）から衣服・髪型・織物に始まり、鳥獣・武器・衣食・葬儀・持衰《じさい》（航海の安全を祈る者）・占い・飲食・寿命・婚姻といった倭国の地誌と、統治機構・刑罰・身分秩序などの政治体制、および倭の地全体の地理が記載される**2**「倭国の地誌と政治体制」の部分は、理念と事実とが混在している。

**2**－（**1**）「東南の異民族」は、倭国が中国の東南にある、という倭人伝の理念を端的に示す部分である。倭人の男子の習俗として描く「黥面・文身（顔面と身体の入れ墨）」は、『礼記《らいき》』王制篇を典拠とする。儒教の理念が色濃く反映されている部分と考えられる。

**2**－（**2**）「儋耳《たんじ》と朱崖《しゅがい》」は、**2**－（**1**）により、中国の東南と位置づけられた倭国の地誌を表現するため、『漢書』巻二十八下　地理志下　粤地《えっち》の条を参照しながら、倭人の習俗を南方系にまとめた部分である。儋耳郡と朱崖郡が置かれた海南島は、北緯二十度でヴェトナムのハノイの南になる。会稽郡東冶県の東方海上にある倭国の習俗としても、やや南に過ぎた。裸国が倭に含まれる理由もここに起因すると考えてよい。

2―(3)「倭国への好意」は、東夷伝の序に記された、東夷のなかに中国の礼が伝承されている国がある、という理念の証明という性格が強い。倭国の喪礼には、中国の「練沐《れんもく》」の影響があり、「屋室有り、臥《が》息《そく》するに処《ところ》を異にす」という礼儀の備わった、かつ「棺有れども槨無し」という薄葬を行う、夷狄のなかでは中国に近い、好ましい存在として描かれている。

2―(4)「持衰」は、後述するように、中国の書籍にはない倭国独自の風習である。使者や帯方郡の報告に基づく事実の記述と考えられる。

2―(5)「特産物」も、使者や帯方郡の報告に基づく可能性は高い。ただし、倭国を朝貢に適した物産の豊富な国と位置づけようとする意識も見られるので、注意を要する。

2―(6)「占い」は、後述するように、卑弥呼の王権のあり方と関わる。牛を殺して、その蹄《ひづめ》で吉凶を占っていたとされる夫余に比べると（東夷伝　夫余の条）、『春秋左氏伝』文公伝十八年に典拠を持つ「令亀《れいき》の法」のようであった、とする部分に倭国への好意を感じるが、倭国が占いによって吉凶を定めていたことは、事実であろう。

2―(7)「習俗」は、倭国独自の風習であり、使者や帯方郡の報告に基づく事実の記述と考えられる。ただし、倭人の寿命が長いとされることについては、神仙思想との関わりを考慮すべきである。

2―(8)「女性の多さ」は、使者や倭人伝の作者たちの先入観に基づくところが多い。それは『周礼《しゅらい》』夏官 職方氏に記される、中華より離れるにつれて女性の比率が高くなるという記述を典拠とする。また、倭国の「婦人は乱れず、嫉妬しない」とすることには、倭国への好意がある。

2―(9)「国制」、(10)「身分」、(11)「卑弥呼の王権」は、後述するように、当該時期の倭国のあり方を知ることができる貴重な事実の記録である。使者や帯方郡の報告に基づく事実の記述と考えられる。

2―(12)「他の倭種と倭国の大きさ」は、理念の産物と考えてよい。すでに散逸したが、陳寿を推挙した張華の『博物志』には、「○○国」に関する記述が存在していた。陳寿は『博物志』を読んでおり、そうした国々のうち倭種と思われたものを記した部分であろう。

このように、2「倭国の地誌と政治体制」は、理念と事実とが混在している。理念は、本書の項目分けでいう(1)(2)(3)(8)(12)に強く現れている。その一方で、報告書に基づく記述も多い。(4)(6)(7)は、そうした部分を多く含み、(5)の特産物も、他の夷狄に比べて具体的である。なかでも、(9)(10)(11)は、三世紀当時の日本の社会・国制を記録した貴重な史料であると言えよう。

**倭の諸国と道程**

帯方郡から邪馬台国に至る道程の方位と距離、国ごとの官名・戸数・概況が記載されたのち、卑弥呼の支配下にある国名が列記され、対立する南の狗奴国の記述もある**1**「倭の諸国と道程」にも、理念と事実が混在している。

**1**―（**1**）「帯方郡の東南」は、『漢書』巻二十八下 地理志下を踏まえながら、倭国は中国の東南にある、という理念に基づき、帯方郡の「東南」の海のなかに倭国がある、とする。現実の日本列島に対して、方位が東南にずれていることは、道程に関する倭人伝の理念の特徴である。

**1**―（**2**）「対馬国・壱岐国」は、使者や帯方郡の報告に基づく事実の記述が中心である。もちろん、現実に比べれば、距離が長すぎるが、『晉書』張華伝などの記述と比べても、倭人伝だけが長いわけではない。陳寿が生きた西晉時代の「事実」が記載されていると考えてよい。ただし、戸数は、大月氏国との関係上、誇張されている可能性がある。

**1**―（**3**）「末盧国・伊都国」も、使者や帯方郡の報告に基づく事実の記述が中心となっている。ここまでの記述は、『翰苑《かんえん》』に引かれた『魏略』に残っている。ただし、『魏略』には、伊都国が「(ここは帯方)郡からの使者が(倭国と)往来する時に、常に駐まるところである」という記述はない。『翰苑』に引かれた『魏略』が節略されている可能性もあるが、そうでなければ、陳寿が『魏略』以外の「伊都国」の役割が書かれた記録、たとえば使者の報告書や朝廷での議(皇帝を前に議論をすること)の記録を見た可能性が高くなる。

1―(4)「奴国・不弥国」から後は、榎一雄が指摘したように、それまで「①方位+②距離+③国名」であった記述方法が、「①方位+③国名+②距離」に変わる。これは、ここから、基づく史料が『魏略』でなくなったためであり、榎のような特殊な読み方をする必要はない。陳寿が基づいたものは、使者の報告書である可能性が高い。ただし、裴秀の地図などを見ながら、陳寿が想定した可能性も残る。

1―(5)「投馬国・邪馬台国」は、それまでのように、国と国との距離を里数で表現しない。「水行二十日」(不弥国から投馬国)、「水行十日、陸行一月」(投馬国から邪馬台国)という表現の背景には、帯方郡から邪馬台国までの距離を一万二千余里にするため、不弥国から邪馬台国までに残された距離が、千三百里しかないという困難さがあった。そこで、陳寿は、『史記』夏本紀に記される禹《う》の「水行」「陸行」を典拠として、九服の最も外側である「荒服」のさらに先にある国を行くために、必要な日程の多さを表現したのである。

1―(6)「旁国」は、使者や帯方郡の報告に基づく事実の記述である。音だけをあててある国名について、なんらかの操作を加える必要性は陳寿にはない。

1―（7）「郡より一万二千里の彼方」は、『翰苑』に引く『魏略』がもとの史料である。一万二千里は、大月氏国との関係から創作された数字であろう。ただし、それは『魏略』の著者である魚豢や陳寿が創作できるものではない。陳寿が見た裴秀の「禹《う》貢《こう》地域図」では、朝鮮半島の南部から会稽郡の背後までを約五千里としていたという。これが、陳寿、あるいは『魏略』の著者である魚豢が、会稽郡の東方海上にあるべき邪馬台国の、狗邪韓国からの距離を五千里（帯方郡からの距離を一万二千里）とした拠り所であろう。陳寿が継承した帯方郡から邪馬台国までを一万二千里とする『魏略』の記述は、西晋の公式見解であった可能性が高いのである。

## 2　九州説か大和説か

### 両説の弱点と倭人伝の理念

このように、倭人伝の理念と事実を分けて考えた時、邪馬台国はどのような真実の姿を示すのであろうか。まずはその位置について検討しよう。

すでに述べたように、九州説の弱点とされてきたことは、第一に、倭人伝に記された道程では、距離が九州内に収まらないこと、第二に、四世紀とされていた古墳築造の開始年代が三世紀の前半まで遡り、九州よりも大規模な古墳が近畿・中国地方に存在していること、第三に、九州説が邪馬台国の所在を主張する北九州の弥生遺跡の優位性が、三世紀に入ると失われることであった。倭人伝の理念と事実を区別した結果、第一の距離に関する記載は、大月氏国との関係において理念化されたものであるため、弱点として挙げる必要性は低い。これに対して、第二・第三の弱点は、文献解釈により克服されるものではない。

一方、大和説の弱点は、第一に、倭人伝に記された道程では、方位が異なること、第二に倭人伝の民俗・風俗が南方系であること、第三に、近畿以西に存在したはずの吉備《きび》国や出雲《いずも》国の詳細に触れられないまま、近畿圏まで含む道程の記述と見なすのは不自然であることが指摘されていた。第一の方位に関する記載は、邪馬台国を孫呉の背後にある東南の大国と見なすために、理念的に方位が変更されており、弱点として挙げる必要性はない。第二の民俗・風俗についても、倭人伝が儋耳郡と朱崖郡の記述を踏襲しているために生まれた理念であって、弱点として挙げる必要性はない。第三の問題は、道程の最後の部分を『史記』夏本紀に記された禹の「水行」「陸行」を典拠として理念的に表現しているため、途中が抜けることは不自然ではなく、これも弱点として挙げる必要性はない。

すなわち、倭人伝の道程に関する偏向を考慮すれば、邪馬台国は大和にある可能性が高いと言えよう。不弥国から投馬国の間が「水行二十日」と、「水行」だけで表記されていることも、それを瀬戸内海や日本海に当てはめれば違和感はない。それ以上に、まだ検討していない2－（9）「国制」に関する文献解釈により、大和説に左袒《さたん》すべきことが明らかとなる。

**中国に類似した官制**

倭人伝には、後述する呪術《じゅじゅつ》的な卑弥呼の王権とは似つかない、先進的な徴税制度とそれを蓄える倉庫、市《いち》を監督する官僚や刺史に似た監察官が置かれていた、との記述がある。

租《そ》と賦《ふ》を収納するために、邸閣《ていかく》〔倉庫〕がある。国々《くにぐに》には市《いち》があり、有無を交易し、大倭《だいわ》にこれを監督させている。女王国〔邪馬台国〕より北には、特別に一人の大率《だいそつ》を置き、諸国を監察させている。諸国は大率を畏《おそ》れ憚《はばか》っている。（大率は）常に伊都国《いとこく》を治所とし、倭国の内で（の権限は中国の）刺史のようである。女王が使者を派遣して京都《けいと》（洛陽）・帯方郡・諸韓国に至らせるとき、および帯方郡が倭国に使者を送るときにも、みな（大率が）津《しん》で臨検して確認し、伝送する文書と、下賜された品物を、女王に届ける際に、間違えることのないようにさせる。［2－（9）］

租は田租のことで土地から取る税、賦は人頭税である。土地と人から税を取るのは、中国税制の基本であり、集めた税を蓄える邸閣まで備えられていることは、呪術的な内政とは似つかない先進性である。また、「市」という商業を行う場所を別に設け、それを管理する「大倭」という役人を置いていることも、中国で言えば春秋・戦国以降のことになる。殷にも似た卑弥呼の呪術性と、秦漢帝国で最終的に確立する農民への税の賦課とその集積、商業地域の設定とその監督との併存は、そこになんらかの理由を考えなければ説明できない。それに答える前に、大和説に有利となる文献解釈を示しておこう。

### 一大率と大和説

「一大率」は、そのまま官名と読む解釈もあるが、交易を監督した「大倭」という官名と揃《そろ》えて、一人の「大率」と読むことが対句を重視する漢文の読み方である。「大率」を準えている「刺史」について、佐伯有清『魏志倭人伝を読む　上　邪馬台国への道』(平成十二〔二〇〇〇〕年)は、次のように説明している。

『後漢書』百官志、州郡条に、十二の州ごとに置いた「刺史」について、「孝武帝、初めて刺史十三人を置く。秩は六百石なり。成帝、更《あらた》めて牧と為す。秩は二千石なり。建武十八年（四二）、復《また》、刺史と為す。十二人、各々一州を主《つかさど》る。其の一州に司隷校尉を属《つ》く。諸州（の刺史）、常に八月を以て所部の郡国を巡行し、囚徒を録し、殿最を考う（軍功や功労、成績を調べる）。初歳（年のはじめ）に、尽く京都《けいと》に詣りて奏事す」とあるように、盗賊を捕え、非常を警戒する官である司隷校尉を配下にし、軍事権をも握っていたのである。

佐伯の同書は、「魏志倭人伝」を読解した書籍のなかで最も優れたものであり、本書も多くこれに依拠しているが、ここの解釈は誤りである。『後漢書』志二十八 百官五は、「建武十八年、復た刺史と為す。十二人は各々一州を主り、其の一州は司隷校尉に属《ぞく》す。……」と読む。後漢の十三州のうち、十二の州は刺史を置いて監察をつかさどらせたが、一州だけは司隷校尉に属させたのである。その一州は、司隷校尉部と呼ばれ、後漢の首都洛陽、前漢の首都長安を含む最も重要な地域であった。簡単に言えば首都圏である。現在の日本で、東京だけ「都」とされるように、首都圏には、刺史ではなく、司隷校尉が置かれているのである。司隷校尉は、刺史が管轄する州の監察権を持つように、首都圏への監察権を持つ。それに加えて、百官への監察権までを持つ別格の存在なのである。

このような司隷校尉と刺史との違いは、邪馬台国への使者も、魚豢も陳寿も常識として知っている。したがって、邪馬台国が九州にあるならば、首都圏に属する伊都国に治所を置く「大率」は、「倭国の内で（の権限は中国の）刺史のようで」はなく、「司隷校尉のような」権限を持つことになる。伊都国に置かれた「大率」を「刺史」と表現したのは、伊都国が首都圏に属さないためである。すなわち、邪馬台国は九州にはないことが、文献解釈から証明できるのである。

一方、邪馬台国が大和にあれば、伊都国に置かれた「大率」は、まさしく「刺史」と同様、諸国から畏れ憚られる存在である。刺史は、前漢の時代に行政官である郡守（太守）を監察するために、郡の上の行政区分である州に設けられた。その際には、二千石《せき》の俸禄をもらう郡太守を監察する州刺史に、あえて六百石の俸禄しか与えないことで、厳格な調査を行わせようとした。後漢末になると、州を単位とする行政官として州牧という官職が州刺史をもとに新設されるが、州刺史もそのまま残っていた。ここでは、本来の意味での刺史に準えられている。邪馬台国に派遣された使者には、大率が刺史のように、遠方の北九州諸国の監察をしていると理解できたのであろう。

### 考古学的な成果

考古学的研究成果について、文献解釈を主とする本書が論及できることは限られる。そこで、近年、邪馬台国の所在地ではないか、と脚光を浴びている纒向《まきむく》遺跡について、橋本輝彦《はしもとてるひこ》「纒向遺跡でいま、何が言えるのか」（平成二十三〔二〇一一〕年）によりながら整理をしておくにとどめたい。

纒向遺跡は、奈良県桜井市にあり、三輪山北西の扇状地上に東西二キロメートル、南北一・五キロメートルの規模で広がっていると推定されている。纒向遺跡には、二つの画期があり、第一の画期は、二世紀末から三世紀初頭に庄内《しょうない》式土器が出土する集落遺跡の出現に求められる。第二の画期は、三世紀後半に布留《ふる》式土器が出土する大規模遺跡の出現に求められる。

遺跡の規模が拡大する第二期には、日本最古の前方後円墳である箸墓《はしはか》古墳が築かれ、それ以前の第一期には、纒向型前方後円墳と呼ばれる前方後円形の墓が造られた。纒向石塚《いしづか》古墳・勝山《かつやま》古墳・矢塚《やづか》古墳・ホケノ山古墳などがそれで、全長八十五メートルから百二十メートル程度である。

纒向遺跡の中心施設である居館は、平成二十一～二十二（二〇〇九～一〇）年の調査によれば、四つの建物が東西の中心軸を境に南北に均等に割り振られている。この居館は、第一期の遺跡に対応しており、三世紀の後半、第二期には居館が山手に移築されるとともに、全長二百七十八メートルと飛躍的に大きな箸墓古墳の建造も始まる。そして、四世紀の初頭には、纒向には生活の痕跡《こんせき》がなくなるという。

纒向遺跡からは、農耕具がほとんど発見されないことに対して、非常に広い範囲の土器と祭器が発見されている。島根・鳥取あたりを中心とする山陰系土器、岡山を中心とする吉備《きび》系土器、四国の阿波《あわ》・讃岐《さぬき》系、兵庫の播磨《はりま》系、大阪の河内《かわち》系、滋賀の近江《おうみ》系、石川・富山あたりの北陸系、愛知の尾張《おわり》系のほか、西は九州の大分、東は南関東系にまで及ぶ。ただし、九州系の土器が大量に入ってきたことは認められないという。また、朝鮮半島の南部韓国地域の土器が発見されているほか、日本にはまだいないはずの馬に乗るための鐙《あぶみ》や乗馬の際に足をかける木製品、さらには日本には自生しない染め物の染料に含まれていたとみられるベニバナ花粉も見つかっている。

このほか、珍しい遺物としては、鍬《くわ》の刃を転用してつくられた木製の面と二千七百六十五個もの桃の種が発見されている。また、大型建物群の柱列のラインに重複して掘削された大型土坑《どこう》からは、線刻を施した短頸直口壺《たんけいちょっこうつぼ》をはじめとする多くの土器のほか、黒漆塗りの弓、木製容器、剣形木製品など多種多様な木製品、ガラス製の粟玉《ぞくぎょく》などが出土したほか、埋土からはイワシ類・タイ科・アジ科・サバ科・淡水魚・カモ科・ニホンジカ・イノシシ属などの骨や歯などの動物遺体、イネ・アワ・ヒエ・モモ・スモモ・アサ・エゴマ・ウリ類・ヒョウタン類・ササゲ属など栽培作物の種実が投棄されていたことが確認されている。

このような出土内容を持っているため、現在纒向遺跡が最も邪馬台国にふさわしい遺跡と考えられることが多くなっているのである。

## 3　呪術に基づく内政

### 共立された倭の女王

倭人伝のなかで、事実に基づく記載と考えられる部分のみを使用して、邪馬台国の内政・外交について検討することにより、邪馬台国の真実に迫っていこう。

すでに問題として提起した「共立」を含む部分から掲げていく。

倭国はもと男子を王としていた。（男王のもと）七、八十年すると、倭国は乱れて、（国々が）互いに攻撃しあうことが何年も続き、そこで一人の女性を共に立てて王とした。名を卑弥呼《ひみこ》という。鬼道《きどう》〔巫術《ふじゅつ》・妖術《ようじゅつ》〕を行い、よく人々を眩惑《げんわく》した。歳はすでに年配であるが、夫を持たず、男の弟がおり国の統治を助けている。王となってより以来、（卑弥呼を）見たことのある者は少ない。婢《ひ》千人を自分に侍《はべ》らせ、ただ一人だけ男子がおり飲食を給仕し、言辞を伝えるために出入りしている。（卑弥呼の）居る宮室は、楼《ろう》

観《かん》〔見張り櫓《やぐら》〕と城柵《じょうさく》を厳しく設け、常に人々がおり武器を持って守衛している。〔2−(11)〕

中国史において最も有名な「共立」は、周の厲王《れいおう》が国人の暴動により出奔して、王が不在の「共和」が十四年続いた後、それまで政治を行っていた周定公《しゅうていこう》・召穆公《しょうぼくこう》が宣王《せんおう》を即位させた事例である。『史記』第四 周本紀に、

周（の定）公と召（の穆）公という二人の相《しょう》が（出奔した厲王に代わって）政治を行い、「共和」と号した。共和十四（前八二八）年、厲王が（出奔先の）彘《てい》で死去した。（厲王が出奔した際、国人に殺されそうになり、匿《かくま》われていた）太子の静《せい》は、召公の家で成長していたので、二人の相は、そこでこれを共立して王とした。これが宣王である。

とある。王が不在で、諸侯の合議により国政が運用された「共和」年間の故事より、res publica の訳語として「共和制」が用いられている。宣王は、周定公・召穆公の輔佐《ほさ》を得て、周の中興を果たした名君であるが、それを「共立」したことを儒教が高く評価することはない。王は、自ら即位するものであり、相や国々に「共立」されるものではないためである。

陳寿が、倭人伝を好意的に記したことは、すでに述べた。それでも、負の印象を持つ「共立」を卑弥呼の即位に使用しているのは、それが使者の報告に基づく事実であったからに他ならない。東夷伝では、夫余王の麻余《まよ》、高句麗王の位宮《いきゅう》も「共立」されたことが記されており（東夷伝　夫余の条・高句麗の条）、「共立」は、王位が特定の家の世襲制に固定する以前の原始的国家における王位継承に多く見られる行為である。

また、共立した主体について、邪馬台国内部の諸勢力説と倭の諸小国との勢力者説とが対立しているが、『史記』周本紀が周公と召公という諸侯による王の「共立」であることから、倭の諸国の「共立」であったと考えられる。それは、卑弥呼が邪馬台国の君主であるだけでなく、倭国の王であったことを示している。

共立の主体となった有力者は、大人《たいじん》と称される。大人と下戸《げこ》には、厳格な身分差があった。

下戸が大人と道で逢《あ》えば、（下戸は）後ずさりして（道端の）草むらに入る。言葉を伝え物事を説明する際には、蹲《うずくま》ったり跪《ひざまず》いたりして、両手は地面につけ、恭敬《きょうけい》の意をあらわす。受け応えの声を「あい」という。（中国に）比べると然諾《ぜんだく》のようなものである。

［2―（10）］

現在でも中国人は、正座をしながら「はい」と大きな声で返事をして、日本人の真似だと言って、笑わせることがある。中国人から見た日本人の会話の大きな特徴と感じるらしい。倭人伝の「あい」という返事は、いまとも通じるものがあるのだろう。まさしく日本の習俗の事実を記載したものである。

### 鬼道により衆を惑わす

卑弥呼が用いた「鬼道」は、巫術・妖術という意味である。『三国志』巻八 張魯《ちょうろ》伝に、「（張魯は）鬼道により民を教え、自ら師君《しくん》と称した」と、同じく「鬼道」という字句を用いているため、卑弥呼の「鬼道」をその影響を受けた道教《どうきょう》的宗教とする説もある。しかし、張魯が継承していた五斗米道《ごとべいどう》という道教（福禄寿《ふくろくじゅ》の現世利益を求める中国の民俗宗教）の起源は、静室《せいしつ》で自らが犯した罪を懺悔《ざんげ》させ、その代償として奉仕を行わせるような高度な教義を持ち、一般信者を鬼卒《きそつ》、それをまとめる者を祭酒《さいしゅ》と呼び、その上に治君《ちくん》、師君（張魯）を置くような階層的な組織を有し、漢中《かんちゅう》に宗教国家を建国した実績を持つ。

卑弥呼が行っていた鬼道は、張魯のような高度なものではあるまい。『漢書』巻二十五下郊祀志下に、成帝《せいてい》は晩年、たいへん鬼神を好んだ。……（谷永《こくえい》が諫《いさ》めて、これらの者は）すべて姦人《かんじん》で衆を惑わし、邪道をさしはさみ、詐欺《さぎ》をいだいて君主を欺《あざむ》くやからであります。

とあるように、儒教官僚の谷永が成帝を批判するような「鬼神（鬼道）」であったと考えてよい。神の言葉を伝えるシャーマニズムの巫《ふ》として諸国より共に立てられていた女王とする通説に従うべきであろう。儒教が批判する「鬼道」の記述も、邪馬台国に対して好意的な陳寿がそれを記したのは、使者の報告に基づく事実であったためと考えてよい。

こうした卑弥呼の王権の特徴は、邪馬台国全体の習俗にも影響を与えている。

倭の習俗は、行事や旅行、何かしようとする時には、そのたびに骨を灼《や》いて卜《うらな》い、それにより吉凶を占う。先に占うことを告げ、その卜辞は（中国の）亀卜《きぼく》のようであり、火による（骨の）さけめを見て（吉凶の）兆《きざし》を占う。［2－（6）］

すでに述べたように、『春秋左氏伝』文公 伝十八年に典拠を持つ「令亀の法（亀卜）」のようであった、とする部分に倭国への好意を感じるが、倭国が占いによって吉凶を定めていたことは、事実であろう。

## 航海の無事を祈る

こうした邪馬台国の呪術性を色濃く伝える部分が、持衰《じさい》の記述である。中国の典籍に類例を見ない倭国独自の習俗である。

倭人たちが往来のため、海を渡って中国に至るときには、つねにある者に、頭髪を梳《と》かず、虱《しらみ》をとらず、衣服は垢《あか》がつき汚れ、肉を食わず、婦人を近づけず、服喪《ふくも》中のようにさせる。これを名づけて持衰という。もし航行が順調であれば、(人々は)ともに生《せい》口《こう》〔奴隷〕と財物で(その功に)報いる。もし病人が出たり、暴風雨の被害に遭《あ》えば、すぐさま持衰を殺そうとする。その持衰が禁忌《きんき》を守らなかったためと思うからである。

〔2—(4)〕

持衰は、航海の安全を守るために厳しい禁忌(タブー)を負わされている。言葉の由来は、すでに掲げた、「五服」のなかの「斬衰《ざんさい》」「斉衰《しさい》」であろう。「衰」は「衰」と同じである。持衰を説明する文章のなかで、「服喪中のようにさせる」とあるのは、このためである。持衰を見た中国人の命名であろうか。中国の礼のなかでも、喪礼は最も複雑であり、持衰と命名するためには、かなり高度な中国文化の理解が必要となる。倭人の側から伝えられた名称とするのであれば、渡来人の存在を裏付けることになろう。持衰の存在は、邪馬台国の内政が、呪術に基づいて行われていたことの反映と考えられよう。

これら倭人伝に記された内政を検討してくると、一つの家が王権を世襲できず、共同で王権を所有し、その象徴として神格を掲げるという最も初期の王権の姿をここに見ることができる。中国で言えば、十の部族が王と王妃を順番にまわし、天を崇拝して、甲骨の占いにより天帝の意志を問うことで政治を行っていた殷王朝に似た王権と言えよう。

そうした原初的な王権のあり方と、朝鮮・遼東半島の国際情勢を判断して、曹魏に使者を送る開明的な外交のあり方が乖離《かいり》しているところに石母田正『日本の古代国家』は、卑弥呼の二つの顔を見たのである。果たして、邪馬台国は、呪術的な内政を抱えながら、対外的には開明的で鋭敏な国際感覚を持つという二重性を備えていたのであろうか。

## 4　鋭敏な国際感覚

### 帯方郡の役割

倭国は、絶妙なタイミングで曹魏に使者を派遣している。

『晉書』に記載される泰始二（二六六）年十一月の朝貢が、前年に曹魏を滅ぼし、南北郊祀の場所を改めた重要な時期に、それを言祝ぐために行われていることは、すでに述べた。泰始元（二六五）年に、曹魏を滅ぼして建国した西晉が、天子にとって最も重要な祭祀である郊祀を、曹魏が採用していた鄭玄《じょうげん》の学説から、武帝司馬炎の外祖父にあたる王粛の学説に従って改めるという、祝賀すべき時期に使者を送っているのである。

卑弥呼の使者も、景初三（二三九）年十二月に到着し、明帝崩御の翌年、改元した正月に新皇帝曹芳に謁見している。こうした使者の派遣は、石母田が説くように、国内にはシャーマン的女王として君臨する卑弥呼が、対外的に持つ鋭敏な国際感覚の現れと考えることができるのであろうか。『晉書』巻一 宣帝紀を再掲すると、

正始元（二四〇）年春正月、東倭が、通訳を重ねて朝貢を納めた。焉耆《えんき》・危須《きしゅ》の諸国、弱水《じゃくすい》より以南、鮮卑《せんぴ》の名王も、みな使者を派遣して（朝貢を）献上に来た。天子（曹芳）はその美（徳）を宰輔《さいほ》〔宰相である司馬懿〕に帰し、また宣帝（司馬懿）の封邑《ほうゆう》を増した。

とある。この記録は、倭国以外の夷狄の朝貢とともに、天子の曹芳が異民族の来貢の「美（徳）を宰輔（司馬懿）に帰し」た、と西晉が認識したことを表現していることは、すでに述

べた。では、それは曹芳が望んで倭国を呼び寄せたのであろうか。

前漢を簒奪した王莽は、宰衡《さいこう》（宰相）の地位にあった時、居摂《きょせつ》（周公と同じように摂政を）するために夷狄を利用している。『漢書』巻九十九上　王莽伝上に、

王莽はすでに太平をもたらし、北方に匈奴を教化し、東方に海外（の民）を招致し、南方に黄支《こうし》国を懐《なつ》けたが、ただ西方にはまだ何もしていなかった。そこで中郎将の平憲《へいけん》らを派遣して多く金幣を持たせて塞外《さいがい》の羌《きょう》族を誘い、土地を献上させ、内属を願わせた。

とある。羌族の内属は、宰衡であった王莽の徳が羌族に及んだ結果とされ、王莽はこれによって居摂の地位に就いている。王莽は、使者に金幣をもたらせてまで、夷狄に徳が及んだことを示し、こののち前漢を簒奪して莽新《もうしん》（八～二三年）を建国する。

司馬懿が公孫氏を滅ぼすとともに置かれた帯方郡の太守としては、太傅《たいふ》として上公の地位にあった司馬懿の徳を宣揚するためには、夷狄の使者をタイミングよく派遣しなければならない。卑弥呼の国際感覚が鋭敏なのではない。帯方郡の指示を正確に、さらにはその意味を明確に理解して、卑弥呼に伝える者がいたのである。あるいは、その者たちは、卑弥呼から外交に関する全権を委任されていた可能性もある。それが、第一回の貢ぎ物と、第二回・第

三回の貢ぎ物の比較から明らかになる。

　第一回（景初三年）の使者である難升米《なんしょうまい》と牛利《ぎゅうり》が持参した朝貢は、「男性の生口〔奴隷〕四人、女性の生口六人と班布《はんぷ》〔かすりの織物〕二匹《ひき》二丈《じょう》」〔3―（1）〕である。これに対して、第二回（正始四年）の使者である伊声耆《いせいき》と掖邪狗《えきやく》たちが持参した朝貢は、「生口・倭錦《わにしき》・絳《こう》青縑《せいけん》〔玉虫織の薄手の絹織物〕・緜衣《めんい》〔まわたの服〕・帛布《はくふ》〔白絹の織物〕・丹木《たんぼく》の弣《ゆづか》の短弓〔赤い木のつかの短い弓〕・矢」〔3―（2）〕である。第三回（正始八年？）壱与の使者である掖邪狗たちが持参した朝貢は、「男女の生口〔奴隷〕三十人を献上し、白珠《はくしゅ》を五千孔《こう》〔孔《あな》を開けた白珠《しらたま》五千〕・青大句珠《せいだいくしゅ》〔青玉〈ひすい〉で作った勾玉《まがたま》〕を二枚・異文雑錦《いぶんざっきん》〔中国と模様の異なるいろいろな錦〕を二十匹」〔3―（3）〕である。第一回の朝貢が少ないことは明らかである。金文京《きんぶんきょう》『三国志の世界』（平成十七〔二〇〇五〕年）の推測するとおり、第一回は、本来、帯方郡に来た使者であり、曹魏の朝廷、しかも新皇帝の即位式のために派遣された使者ではない。そのため、十分な朝貢品も用意していなかったのである。

　それを洛陽まで送り届け、司馬懿の徳が東夷に及んだことを言祝いだものは、帯方郡である。石母田が言う、卑弥呼の外に向いた開明的な顔とは、中国学から見れば、辺境を支配する郡太守が当然の責務を果たしただけと捉えられるのである。

## 先進文明の吸収

それでは、帯方郡の意図を明確に理解して、卑弥呼の外交を開明的に見せたものは誰か。それは、呪術的な卑弥呼の王権とは似つかない、先進的な徴税制度とそれを蓄える倉庫、市《いち》を監督する官僚や刺史に似た監察官を置くことに努めた者と同じであろう。すでに述べたように、これらは、かなり高度な中華文明の理解を必要とする内容を持つ。

原初的な王権において、高度な外交を行わせた者は、通訳の問題から考えてみても、「渡来人」であろう。日本が海外の高度な文化を取り入れるため、積極的に外国人を招いたのは明治維新の時だけではない。もちろん、自分たちも懸命に高度な文明を学んだ。遣唐使の時にも、使者や留学生たちは、それこそ食べるものも食べずに高価な本を買い求め、あるいは借り写した。シルクロードにならって「ブックロード」と呼ばれるほどの多くの本が、唐から日本にもたらされたのである。

自らの文明を高めるため、先進文明を取り入れる努力は、卑弥呼の時代から見られるのである。中国のように固有の文明を持つ地域ではなく、周辺に高度な文明を持つ辺境に生まれた王権の宿命とも言えよう。そうした努力のうえに、日本は文明を築き上げてきたのである。倭人伝は、中国、そして朝鮮との関係性のなかにおいて、日本古代の王権のあり方を考える端緒となし得る貴重な記録なのである。

# 附章　魏志倭人伝　訳注

# 1　倭の諸国と道程

## （1）帯方郡の東南

【原文】

倭人在帯方東南大海之中、依山島爲國邑。舊百餘國、漢時有朝見者。(一)今使譯所通三十國。(二)

《訓読》

倭人は帯方の東南たる大海の中に在《あ》り、山島に依《よ》りて国邑《こくゆう》を為《な》す。旧《もと》百余国にして、漢の時に朝見する者有《あ》り。今使《し》訳《えき》通ずる所三十国なり。

## （2）対馬国・壱岐国

【原文】

（補注）

（一）『漢書』巻二十八下 地理志下に、「(燕地) 夫れ楽浪の海中に倭人有り。分かれて百余国と為り、歳時を以て来たりて献見すとしか云ふ」とある。

（二）後掲される狗邪《くや》国以下の九国と斯馬《しま》国以下の二十一国を合わせたものである。

［現代語訳］

倭人は帯方《たいほう》郡の東南にあたる大海の中におり、山や島によって国《くに》や邑《むら》をつくっている。もともと百余国あり、漢の時に朝見《ちょうけん》に来た国もあった。いま使者や通訳の往来があるのは三十国である。

（補注）

從郡至倭、循海岸水行、歷韓國（一）、乍南乍東、到其北岸狗邪韓國（二）。七千餘里。

始度一海、千餘里至對馬國（三）。其大官曰卑狗、副曰卑奴母離。所居絶島、方可四百餘里。土地山險、多深林、道路如禽鹿徑。有千餘戸、無良田、食海物自活、乘船南北市糴。

又南渡一海千餘里、名曰瀚海、至一（大）〔支〕（四）國（五）。官亦曰卑狗、副曰卑奴母離。方可三百里、多竹木・叢林、有三千許家。差有田地、耕田猶不足食、亦南北市糴。

《訓読》

郡より倭に至るに、海岸に循《したが》ひて水行し、韓国を歴《へ》、乍《あるい》は南し乍《あるい》は東し、其《そ》の北岸の狗邪韓国に到る。七千余里なり。

始めて一海を度《わた》ること、千余里にして

（一）韓国は、朝鮮半島南部にあった国名。馬韓《ばかん》・弁韓《べんかん》・辰韓《しんかん》に分かれていた。そのうち弁韓（弁辰）の瀆盧国《とくろ》（大韓民国釜山《プサン》直轄市）が倭と境界を接していた。

（二）狗邪韓国は、弁辰狗邪国のこと。現在の金海《キムへ》市。加羅・金官とも称される。

（三）対馬国は、現在の対馬。弥生時代後期の木坂《きさか》遺跡からは、弥生式土器とともに、朝鮮で製作された金海式土器も出土する。

（四）『三国志』の諸版本は「大」とするが、『梁書』『北史』などは「支」とする。『古事記』で「伊伎国」と呼ばれる壱岐のことであるため、「支」に改める。

（五）一支国は、現在の壱岐。弥生時代最大の遺跡である原ノ辻《はるのつじ》遺跡からは、前漢末から後漢に至る数面の鏡が出土している。

［現代語訳］

帯方郡から倭に行くには、海岸に沿って海を行き、韓国《かんこく》を経て、あるいは南にあるいは東にすすみ、倭の北方の対岸にある狗邪韓国《くやかんこく》に到着する。この間は七千余里である。

対馬国に至る。其の大官を卑狗と曰《い》ひ、副を卑奴母離と曰ふ。居る所は絶島、方《はう》四百余里可《ばか》りなり。土地は山険《けは》しく、深林多く、道路は禽鹿《きんろく》の径《こみち》の如《ごと》し。千余戸有るも、良田無く、海物を食らひて自活し、船に乗りて南北に市糴《してき》す。

又南に一海を渡ること千余里、名づけて瀚海と曰ひ、一支国に至る。官を亦《ま》た卑狗と曰ひ、副を卑奴母離と曰ふ。方三百里可り、竹木・叢林多く、三千許《ばか》りの家有り。差《やや》田地有り、田を耕すも猶《な》ほ食らふに足らず、亦た南北に市糴す。

そこから初めて一つの海を渡り、千余里で対馬《つしま》国《こく》に至る。その大官を卑狗《ひこ》といい、副を卑奴母離《ひなもり》という。住んでいるところは絶島〔四面を海でかこまれた孤島〕で、（広さは）方四百余里ばかりである。土地は山が険しく、深林が多く、道路は獣道《けものみち》のようである。（人家は）千余戸であるが、良田はなく、海産物を食糧として自活し、船に乗って南北から米穀を買い入れている。

また南に一つの海を渡り千余里すすむが、（この海は）名づけて瀚海《かんかい》といい、一支国《いきこく》に至る。官をまた卑狗《ひこ》といい、副を卑奴母離《ひなもり》という。（広さは）方三百里ばかりで、竹木や叢林《そうりん》が多く、三千ばかりの家がある。田地は少しあるが、田を耕しても食べる分には足りないので、また南北から米穀を買い入れている。

（補注）

### （3）末盧国・伊都国

【原文】

又渡一海、千餘里至末盧國(一)。有四千餘戸、濱山海居。草木茂盛、行不見前人。好捕魚鰒、水無深淺、皆沈沒取之。

東南陸行五百里、到伊都國(二)。官曰爾支、副曰泄謨觚・柄渠觚。有千餘戸。世有王、皆統屬女王國。郡使往來、常所駐。

《訓読》

又一海を渡ること、千余里にして末盧国に至る。四千余戸有り、山海に浜《そ》ひて居《す》む。草木茂盛し、行くに前人を見ず。魚鰒《ぎょふく》を捕ふることを好み、水は深浅と無く、皆沈没して之《すい》を取る。

東南に陸行すること五百里にして、伊都国に到る。官を爾支と曰ひ、副を泄謨觚・柄渠觚と曰ふ。千余戸有り。世々《よよ》王有り、皆女王国に統属す。郡使往来す

(一) 末盧国は、『古事記』に「末羅県《まつらのあがた》」と見える後の肥《ひ》前《ぜん》松浦郡。唐津湾に沿った桜馬場《さくらのばば》遺跡からは、後漢初めの鏡が出土している。

(二) 伊都国は、『古事記』に「伊斗《いと》村」と見える今の福岡県糸島《いとしま》郡のうち旧怡土《いと》郡。三雲南小路《みくもみなみしょうじ》遺跡の弥生中期後半の甕棺墓《かめかんぼ》から、前漢の清白鏡など三十五面が出土した。ここまでの諸国は、『翰苑』に引く『魏略』にも記録されている。

［現代語訳］

また一つの海を渡り、千余里すすむと末盧《まつら》国《こく》に至る。(人家は)四千余戸であり、(人々は)山裾《やますそ》や海浜《かいひん》に沿って居住している。草木が茂盛《もせい》していて、(道を)行っても前に行く人の姿は見えない。魚やあわびを捕えることを得意とし、水が深い浅いをとわず、みな潜ってこれを取る。

東南に陸を行くこと五百里で、伊都《いと》国《こく》に到着する。官を爾支《にき》といい、副を泄謨觚《しまこ》・柄渠觚《ひここ》という。(人家は)千余戸である。(この国には)代々王が

るに、常に駐まる所なり。

## (4) 奴国・不弥国

【原文】

東南至奴國(一)百里。官曰兕馬觚、副曰卑奴母離。有二萬餘戸。

東行至不彌國百里。官曰多模、副曰卑奴母離。有千餘家。

《訓読》

東南して奴国に至る百里。官を兕馬觚と曰ひ、副を卑奴母離と曰ふ。二万余戸有り。

東に行きて不弥国に至る百里。官を多模と曰ひ、副を卑奴母離と曰ふ。千余家有り。

おり、みな女王国に統属している。(ここは帯方)郡からの使者が(倭国と)往来するときに、常に駐《とど》まるところである。

(補注)

(一) 奴国は、『日本書紀』に「那津《なのつ》」と見える今の福岡県博多市付近。後漢の建武中元二(五七)年、光武帝より倭の奴国王が金印を賜与されている。地名の比定がほぼ一致するのはここまでである。

[現代語訳]

東南にすすんで奴国《なこく》に至るまで百里。官を兕馬《しま》觚《こ》といい、副を卑奴母離《ひなもり》という。(人家は)二万余戸である。

東にすすんで不弥国《ふみこく》に至るまで百里。官を多模《たま》といい、副を卑奴母離という。(人家は)千余家である。

### （5）投馬国・邪馬台国

【原文】

南至投馬國、水行二十日。官曰彌彌、副曰彌彌那利。可五萬餘戸。

南至邪馬（壹）（一）〔臺〕（二）國。女王之所都。水行十日、陸行一月。官有伊支馬、次曰彌馬升、次曰彌馬獲支、次曰奴佳鞮。可七萬餘戸。

《訓読》

南して投馬国に至る、水行すること二十日。官を弥弥と曰ひ、副を弥弥那利と曰ふ。五万余戸可りあり。

南して邪馬台国に至る。女王の都する所なり。水行すること十日、陸行すること一月。官に伊支馬有り、次を弥馬升と曰ひ、次を弥馬獲支と曰ひ、次を奴佳鞮

（補注）

（一）『三国志』の諸版本は「壹」とするが、『三国志』を参照して東夷伝を著した『後漢書』などは「臺」とする。「壹」と「臺」は誤りやすい文字であるため、「臺」に改める。邪馬《やまい》壹国と読む説もある。

（二）『史記』巻二 夏本紀に、「陸行には車に乗り、水行には船に乗り、泥行には橇に乗り、山行には檋に乗る」とある。

［現代語訳］

南にすすんで投馬国《とうまこく》に至る、水を行くこと二十日である。官を弥弥《みみ》といい、副を弥弥那利《みみなり》という。（人家は）五万余戸ばかりである。

南にすすんで邪馬台国《やまたいこく》に至る。女王が都を置いているところである。水を行くこと十日、陸を行くこと一月である。官に伊支馬《いきま》があり、次を弥馬《みま》升《しょう》といい、次を弥馬獲支《みまかくき》といい、次を奴佳鞮《なかてい》とい

と曰ふ。七万余戸可りあり。

### (6) 旁国

【原文】

自女王國以北、其戸數・道里可得略載、其餘旁國遠絶、不可得詳。次有斯馬國、次有巳百支國、次有伊邪國、次有都支國、次有彌奴國、次有好古都國、次有不呼國、次有姐奴國、次有對蘇國、次有蘇奴國、次有呼邑國、次有華奴蘇奴國、次有鬼國、次有爲吾國、次有鬼奴國、次有邪馬國、次有躬臣國、次有巴利國、次有支惟國、次有烏奴國、次有奴國(一)。此女王境界所盡。

《訓読》

女王国より以北、其の戸数・道里は略載するを得可きも、其の余の旁国は遠く絶《へだ》たりて、詳《つまびら》かにするを得可からず。次

う。(人家は)七万余戸ばかりである。

(補注)

(一) 奴国は、重出。「□奴国」などの誤脱であろうか。「奴国」とそのまま読み、円形に配置された国を巡るとの説もある。

[現代語訳]

女王国より北(にある国々について)は、その戸数や(そこに行く)道里はだいたい記載できるが、その他の旁国《ぼうこく》は遠く絶《へだ》たっており、(戸数や

に斯馬国有り、次に巳百支国有り、次に伊邪国有り、次に都支国有り、次に弥奴国有り、次に好古都国有り、次に不呼国有り、次に姐奴国有り、次に対蘇国有り、次に蘇奴国有り、次に呼邑国有り、次に華奴蘇奴国有り、次に鬼国有り、次に為吾国有り、次に鬼奴国有り、次に邪馬国有り、次に躬臣国有り、次に巴利国有り、次に支惟国有り、次に烏奴国有り、次に奴国有り。此《こ》れ女王の境界の尽くる所なり。

## （7）郡より一万二千里の彼方

【原文】

其南有狗奴國（一）、男子爲王。其官有狗古智卑狗。不屬女王。自郡（二）至女王國萬二千餘里。

道里を）詳細にすることができない。つぎに斯馬《しま》国《こく》があり、つぎに巳百支国《しおきこく》があり、つぎに伊邪国《いやこく》があり、つぎに都支国《ときこく》があり、つぎに弥奴国《みなこく》があり、つぎに好古都国《ここと こく》があり、つぎに不呼国《ふここく》があり、つぎに姐奴国《しゃなこく》があり、つぎに対蘇国《たいそこく》があり、つぎに蘇奴国《そなこく》があり、つぎに呼邑国《こゆうこく》があり、つぎに華奴蘇奴国《かなそなこく》があり、つぎに鬼国《きこく》があり、つぎに為吾国《いごこく》があり、つぎに鬼奴国《きなこく》があり、つぎに邪馬国《やまこく》があり、つぎに躬臣国《きゅうしんこく》があり、つぎに巴利国《はりこく》があり、つぎに支惟国《きいこく》があり、つぎに烏奴国《おなこく》があり、つぎに奴国がある。これが女王の（支配している）領域の尽きる所である。

（補注）

（一）狗奴国は、大和説では熊野とされることが多い。九州説では熊襲《くまそ》に比定する。

（二）『翰苑』に引く『魏略』は、「郡」ではなく、「帯方」よりとする。

《訓読》
其の南には狗奴国有り、男子を王と為す。其の官に狗古智卑狗有り。女王に属せず。郡より女王国に至るまで万二千余里なり。

## 2　倭国の地誌と政治体制

### （1）東南の異民族

【原文】
男子無大小、皆黥面文身。（一）自古以來、其使詣中國、皆自稱大夫。（二）夏后少康之子、（三）封於會稽、斷髮文身、以避蛟龍之害。（四）今倭水人、好沈沒捕魚蛤。文身亦以厭大魚水禽。後稍以爲飾。諸國文身各異、或左或右、或大或小、尊卑有差。計其道里、

［現代語訳］
その南には狗奴国《くなこく》があり、男子を王とする。その官には狗古智卑狗《くこちひく》がある。（この国は）女王に服属していない。帯方郡より女王国に至るまで一万二千余里である。

（補注）
（一）『礼記』王制篇に、「中国・戎夷、五方の民、皆性有り。推し移す可からず。東方を夷と曰ふ、髪《はつ》を被《かうむ》り身に文《いれずみ》す。火食せざる者有り。南方を蛮と曰ふ、題《ひたひ》に雕《きざ》み趾《あし》を交《まじ》ふ。火食せざる者有り」とあり、東方の「夷」は「身に文」し、南方の「蛮」は「題に雕」んでいたとする。倭人の習俗とされる「黥面文身（顔面と身体の入れ墨）」は、東方の夷と南方の蛮の性を兼ね備える記述である。

當在會稽東冶（五）之東。

《訓読》

男子は大小と無く、皆 黥面文身《げいめんぶんしん》す。古《いにしへ》より以来、其《そ》の使ひの中国に詣《いた》るや、皆 自ら大夫と称す。夏后《かこう》の少康の子、会稽に封ぜられ、断髪文身して、以て蛟龍の害を避く。今 倭の水人、沈没して魚蛤《ぎよかう》を捕らふるを好む。文身するも亦た

（二）『後漢書』列伝七十五 東夷伝に、「建武中元二年、倭の奴国 奉貢朝賀す。使人 自ら大夫と称す」とある。

（三）夏后は、禹が創設した夏の国号、少康は、第六代の王（『史記』巻二 夏本紀）。少康の子で、会稽に封建された者は、庶子の無余である（『呉越春秋』巻四 越王無余外伝）。

（四）『漢書』巻二十八下 地理志下 粤地の条に、「其の君は禹の後にして、帝少康の庶子と云ふ。会稽に封ぜられ、文身断髪して、以て蛟龍の害を避く」とある。

（五）『漢書』巻二十八上 地理志上 会稽郡の条に、「冶県」があり、「本《もと》閩越《びんえつ》の地」と顔師古は注を付けている。現在の福建省福州市。

［現代語訳］

（倭《わ》人《じん》の）男子は大人と子供の別なく、みな顔面と身体に入れ墨をしている。古くから、倭の使者は中国に至ると、みな自ら大夫《たいふ》と称する。（中国最初の王朝である）夏の（王）少康《しょうこう》の庶子〔妾の子〕（の無余）は、会稽《かいけい》に封建されると、髪を切り身体に入れ墨をして（龍の子に似せ）、それに

以て大魚水禽《すいきん》を厭《おさ》へんとすればなり。後に稍《やうや》く以て飾りと為す。諸国の文身は各々異なり、或いは左に或いは右に、或いは大に或いは小に、尊卑 差有り。其の道里を計るに、当《まさ》に会稽の東冶の東に在るべし。

### (2) 儋耳と朱崖

【原文】

其風俗不淫。男子皆露紒、以木緜招頭。其衣横幅、但結束相連、略無縫。婦人被髪屈紒、作衣如單被、穿其中央、貫頭衣之。(一) 種禾稲・紵麻、蠶桑・緝績、出細紵・縑緜。(二) 其地無牛・馬・虎・豹・羊・

より蛟龍《こうりゅう》の害をさけた。いま倭の水人［あま］は、水中に潜って魚や蛤《はまぐり》を捕えることを得意とする。入れ墨をすることはもともと大魚や水鳥を抑えようとするためであった。後にようやくそれを飾りとした。諸国の入れ墨はそれぞれ異なり、あるいは左にあるいは右に、あるいは大きくあるいは小さく、（身分の）尊卑により差があった。（帯方郡からの）その道程の里数を計算すると、（倭国の都のある邪馬台国は）会稽郡の東冶《とうや》県の東方にあるのだろう。

（補注）

（一）『漢書』巻二十八下 地理志下 粤地の条に、「武帝の元封元（前一一〇）年、略して以て儋耳・珠厓郡と為す。民は皆 布を服すること単被の如く、中央を穿ちて貫頭と為す」とある。

（二）『漢書』巻二十八下 地理志下 粤地の条に、「男子は耕農して、禾稲・紵麻を種ゑ、女子は桑蚕して織績す」と

鵲。兵用矛・楯・木弓。木弓短下長上、竹箭或鐵鏃或骨鏃。(三) 所有無、與儋耳・朱崖同。

《訓読》

其の風俗は淫《みだ》れず。男子は皆露《ろ》紒《けい》し、木緜《もくめん》を以て頭に招《しば》る。其の衣は横幅《わうふく》、但《た》だ結束して相連《あひつら》ね、略《ほ》ぼ縫《ぬ》ふこと無し。婦人は被髪屈紒《くつけい》し、衣を作ること単被《たんぴ》の如く、其の中央を穿《うが》ち、頭を貫《つら》ぬきて之を衣《き》る。禾稲《くわとう》・紵麻を種《う》ゑ、蚕桑・緝績《しふせき》し、細紵《さいちよ》・縑緜《けんめん》を出だす。其の地には牛・馬・虎・豹・羊・鵲無し。兵には矛・楯・木弓を用《もち》ふ。木弓は下を短く上を長くし、竹箭《ちくせん》には鉄鏃《てつぞく》或《あ》り骨鏃《こつぞく》或り。有無する所、儋耳・朱崖と同じ。

ある。

(三)『漢書』巻二十八下 地理志下 粤地の条に、「馬と虎亡く、民に五畜有り、山に麈・麖多し。兵は則ち矛・盾・刀・木弓弩あり。竹矢は、骨を鏃と為す或《あ》り」とある。

[現代語訳]

倭人の風俗は乱れていない。男性はみな冠や頭巾をつけず、木綿(の布)で頭を巻いて(はちまきをして)いる。倭人の衣服は広い幅の布を、ただ結び束ねているだけで、ほとんど縫うことはない。女性は総髪をさげ鬢《びん》を曲げ後ろにたらし、衣服をつくること単衣《ひとえ》のようであり、衣の中央に穴を開け、頭を通してこれを着る(貫頭衣《かんとうい》である)。(人々は)稲や紵麻《ちよま》を植え、桑を栽培し蚕を飼って糸をつむぎ、麻糸・きぬ・綿を産出する。倭人の地には牛・馬・虎・豹・羊・鵲《かささぎ》はいない。武器は矛・楯・木弓を用いる。木弓は下を短く上を長くし、竹の矢には鉄のやじりもあり骨のやじりも

## （3）倭国への好意

【原文】

倭地溫暖、冬夏食生菜、皆徒跣。[一]有屋室、父母兄弟、臥息異處。以朱丹塗其身體、如中國用粉也。食飲用籩豆、手食。其死、有棺無槨、[二]封土作冢。始死停喪十餘日、當時不食肉、喪主哭泣、他人就歌舞飲酒。已葬、擧家詣水中澡浴、以如練沐。[三]

《訓読》

倭の地は温暖、冬夏 生菜を食らひ、皆 徒跣《とせん》す。屋室《をくしつ》有り、父母兄弟、臥息《ぐわそく》処《ところ》を異にす。朱丹を以て其の身体

ある。（倭国の土産文物の）有無の状況は、（ともに海南島にある）儋耳《たんじ》郡や朱崖《しゅがい》郡と同じである。

（補注）

（一）『三国志』巻五十三 薛綜伝に、「漢の武帝、呂嘉を誅して九郡を開き、交阯刺史を設けて、以て之を鎮監せしむ。山川は長遠にして、習俗 斉しからず。言語は同異し、重訳して乃ち通ず。民は禽獸の如く、長幼 別無く、椎結・徒跣し、貫頭・左衽す」とある。徒跣（はだし）は、交阯（北ヴェトナム）でも見られる習俗とされる。

（二）『論語』先進篇に、「鯉や死せしとき、棺有りて槨無し」とある。

（三）『礼記』雑記篇下に、「凡そ喪、小功以上は、虞・附・練・祥に非ざれば沐浴すること無し」とある。

［現代語訳］

倭の地は温暖で、冬でも夏でも生野菜を食べ、皆はだしである。家屋があり、父母兄弟は、寝るときにそれぞれ場所を別にする。朱《しゅ》や丹《たん》をその身

に塗るは、中国の粉を用ふるが如きなり。食飲には籩豆《へんとう》を用ひ、手もて食らふ。其の死《しかばね》には、棺有れども槨無く、土を封じて冢《つか》を作る。始めて死するや停喪すること十余日、時に当たりて肉を食らはず、喪主は哭泣《こくきふ》し、他人は就きて歌舞飲酒す。已《すで》に葬るや、家を挙げて水中に詣《いた》りて澡浴すること、以て練沐の如《ごと》くす。

## (4) 持衰

【原文】

其行來、渡海詣中國、恆使一人、不梳頭、不去蟣蝨、衣服垢汚、不食肉、不近婦人、如喪人(一)。名之爲持衰。若行者吉善、共顧其生口・財物。若有疾病、遭暴害、便欲殺之。謂其持衰不謹。

体に塗ることは、中国で白粉《おしろい》を用いるようなものである。飲食には高杯《たかつき》を用いて、手で食べる。その遺体には、棺《かん》はあるが槨《かく》はなく、盛り土をして塚をつくる。人が死ぬとはじめ遺体を家に停《とど》め喪すること十日間あまり、この時には肉食をせず、喪主は哭泣し、その他の人々は歌舞《かぶ》し飲食する。すでに埋葬しおわると、一家をあげて水中に入り澡浴《そうよく》するさまは、（中国における）練沐《れんもく》のようである。

（補注）

（一）生口は、奴隷。『後漢書』列伝七十五 東夷伝に、「安帝の永初元（一〇七）年、倭の国王たる帥升ら、生口百六十人を献じ、請見を願ふ」とあるように、倭からの朝貢にも用いられていた。

《訓読》

其の行来《かうらい》、海を渡り中国に詣るには、恒《つね》に一人をして、頭を梳《くしけづ》らず、蟣蝨《きしつ》を去《のぞ》かず、衣服は垢づき汚れ、肉を食らはず、婦人を近づけず、喪人の如くせしむ。之を名づけて持衰と為す。若《も》し行く者　吉善《きちぜん》なれば、共に其の生口・財物を顧《むく》ゆ。若し疾病有り、暴害に遭へば、便《すなは》ち之を殺さんと欲す。其の持衰　謹《つつし》まざると謂《おも》へばなり。

［現代語訳］

倭人たちが往来のため、海を渡って中国に至るときには、つねにある者に、頭髪を梳《と》かず、虱《しらみ》をとらず、衣服は垢《あか》がつき汚れ、肉を食わず、婦人を近づけず、服喪《ふくも》中のようにさせる。これを名づけて持衰《じさい》という。もし航行が順調であれば、（人々は）ともに生口《せいこう》〔奴隷〕と財物で（その功に）報いる。もし病人が出たり、暴風雨の被害に遭えば、すぐさま持衰を殺そうとする。その持衰が禁忌《きんき》を守らなかったためと思うからである。

## （5）特産物

【原文】

出眞珠・青玉。其山有丹。其木有柟・杼・豫樟・楺・櫪・投橿・烏号・楓香。其竹篠・簳・桃支。有薑・橘・椒・蘘荷、不知以爲滋味。有獮猴・黒雉。

《訓読》

真珠・青玉を出《いだ》す。其の山には丹有り。其の木には柟《だん》・杼・豫樟・楺・櫪・投橿・烏号・楓香有り。其の竹には篠・簳・桃支あり。薑・橘・椒・蘘荷有るも、以て滋味と為すを知らず。獮猴・黒雉有り。

### (6) 占い

【原文】

其俗、擧事・行來、有所云爲、輒灼骨（一）而卜、以占吉凶。先告所卜、其辭如令龜法、視火坼占兆。

〔現代語訳〕

真珠と青玉《せいぎょく》〔ひすい〕を産出する。倭の山には丹《たん》〔丹砂、水銀と硫黄《いおう》の化合物〕がある。倭の木には柟《だん》〔くすのき〕・杼《ちょ》〔くぬぎ〕・豫樟《よしょう》〔くすのきの一種〕・楺《じゅう》〔ぼけ〕・櫪《れき》〔くぬぎ〕・投橿《とうきょう》〔かし〕・烏号《うごう》〔くわ〕・楓香《ふうこう》〔かえで〕がある。倭の竹には篠《しょう》〔しの〕・簳《かん》〔やたけ〕・桃支《とうし》〔かずら〕がある。薑《きょう》〔しょうが〕・橘《きっ》〔こうじ〕・椒《しょう》〔さんしょう〕・蘘荷《じょうか》〔みょうが〕があるが、滋味（ある食べ物）とすることを知らない。獮猴《みこう》〔さる〕・黒雉《こくち》〔くろきじ〕がいる。

（補注）

（一）『春秋左氏伝』文公 伝十八年に、「恵伯、亀に令す」とあり、杜預の注に、「卜事を以て亀に告ぐ」とある。

《訓読》

其の俗、挙事《きよじ》・行来《かうらい》に、云為《うんい》する所有れば、輒《すなは》ち骨を灼きて卜《ぼく》して、以て吉凶を占ふ。先づ卜ふ所を告げ、其の辞は令《れい》亀《き》の法の如く、火坼《くわたく》を視て兆を占ふ。

［現代語訳］

倭の習俗は、行事や旅行、何かしようとするときには、そのたびに骨を灼《や》いて卜《うらな》い、それにより吉凶を占う。先に占うことを告げ、その卜辞は（中国の）亀卜《きぼく》のようであり、火による（骨の）さけめを見て（吉凶の）兆《きざし》を占う。

## （7）習俗

【原文】

其會同坐起、父子・男女無別。人性嗜酒［一］。見大人所敬、但搏手以當跪拜。其人壽考（一）、或百年、或八、九十年。

［裴松之注］

［一］魏略曰、其俗不知正歳・四節、但計春耕秋收爲年紀。

《訓読》

其の会同の坐起《ざき》には、父子・男女の別

（補注）

（一）寿考は、長生き。『詩経』大雅 行葦に、「寿考は維《こ》れ祺《めでた》し、以て景福を介《おお》いにす」とある。

［現代語訳］

倭の会合での座席や起居（の順序）には、父子無し。人の性 酒を嗜む。大人の敬《うやま》はれる所を見るに、但だ手を搏《う》ちて以て跪拝に当《あ》つ。其の人は寿考《じゆかう》にして、或いは百年、或いは八、九十年なり。

〔裴松之注〕

〔一〕魏略に曰く、「其の俗 正歳・四節を知らず、但だ春耕秋収を計《はか》りて年紀と為す」と。

## (8) 女性の多さ

**【原文】**

其俗、國大人皆四、五婦、下戶或二、三婦。婦人不淫、不妒忌。(一) 不盜竊、少諍訟。其犯法、輕者沒其妻子、重者滅其門戶及宗族。尊卑各有差序、足相臣服。

《訓読》

や男女の区別はない。人は性来《せいらい》酒を嗜《たしな》む。大人《たいじん》〔身分の高い人〕が尊敬される所作を見ると、ただ手を打つことで（中国の）跪拝《きはい》に相当させている。倭の人は寿命が長く、あるいは百年、あるいは八、九十年である。

〔裴松之注〕

〔一〕『魏略』に、「倭の俗では正月を歳初とすることと（春夏秋冬の）四節を知らず、ただ春の耕作と秋の収穫を目安に年を数えている」とある。

（補注）

（一）『三国志』巻三十 東夷伝 夫余の条に、「男女 淫れ、婦人 妒《ねた》めば、皆 之を殺す」とある。

〔現代語訳〕

其の俗、国の大人は皆 四、五婦、下戸も或いは二、三婦あり。婦人 淫《みだ》れず、妒忌《とき》せず。盗竊《たうせつ》せず、諍訟《さうしよう》少なし。其の法を犯すや、軽き者は其の妻子を没し、重き者は其の門戸及び宗族を滅す。尊卑は各々差序有り、相《あひ》 臣服するに足る。

## (9) 国制

【原文】

収租賦、有邸閣。國國有市、交易有無、使大倭(一)監之。自女王國以北、特置一大率(二)、檢察諸國。諸國畏憚之。常治伊都國、於國中有如刺史(三)。王遣使詣京都・帶方郡・諸韓國、及郡使倭國、皆臨津搜露、傳送文書・賜遺之物、詣女王、不得差錯。

《訓読》

倭の習俗では、国の大人《たいじん》はみな四、五人の妻（を持ち）、下戸《げこ》〔身分の低い者〕でも二、三人の妻（を持っている）。婦人は乱れず、嫉妬しない。盗みはせず、訴訟は少ない。倭の法を犯せば、軽い者はその妻子を取りあげ、重い者はその家族および一族を滅ぼす。尊卑（の間）にはそれぞれ差異と秩序があり、臣服するに十分である。

（補注）

（一）大倭は、官名。市の交易の監督を職掌とする。

（二）大率は、官名。邪馬台国より以北の国々を監察することを職掌とする。

（三）刺史は、官名。後漢では、州を単位とした監察官であることが多いが、後漢末期には州牧へと継承されていく州の行政官としての性格を帯びる。

[現代語訳]

租賦を収むるに、邸閣有り。国国に市有り、有無を交易し、大倭をして之を監せしむ。女王国より以北には、特に一の大率を置き、諸国を検察せしむ。諸国 之を畏憚《いたん》す。常に伊都国に治し、国中に於て刺史の如く有り。王 使を遣はして京都・帯方郡・諸韓国に詣《いた》らしめ、及び郡の倭国に使ひするや、皆 津に臨みて捜露《さうろ》し、伝送の文書、賜遺《しい》の物をして、女王に詣《いた》り、差錯《ささく》あるを得ざらしむ。

## (10) 身分

【原文】

下戸與大人相逢道路、逡巡入草。傳辭說事、或蹲或跪、兩手據地、爲之恭敬。對應聲曰噫。比如然諾。

租《そ》と賦《ふ》を収納するために、邸閣《ていかく》〔倉庫〕がある。国々《くにぐに》には市《いち》があり、有無を交易し、大倭《だいわ》にこれを監督させている。女王国〔邪馬台国〕より北には、特別に一人の大率《だいそつ》を置き、諸国を監察させている。諸国は大率を畏《おそ》れ憚《はばか》っている。（大率は）常に伊《い》都《と》国《こく》を治所とし、倭国の内で（の権限は中国の）刺史のようである。女王が使者を派遣して京都《けいと》（洛陽《らくよう》）・帯方郡《たいほうぐん》・諸韓国に至らせるとき、および帯方郡が倭国に使者を送るときにも、みな（大率が）津《しん》で臨検して確認し、伝送する文書と、下賜された品物を、女王に届ける際に、間違えることのないようにさせる。

《訓読》

下戸 大人と道路に相 逢へば、逡巡《しゆんじゆん》して草に入る。辞を伝へ事を説くに、或いは蹲り或いは跪き、両手は地に拠り、之が恭敬を為す。対応の声を噫《あい》と曰ふ。比《くら》ぶるに然諾の如し。

［現代語訳］

下戸《げこ》が大人《たいじん》と道で逢えば、（下戸は）後ずさりして（道端の）草むらに入る。言葉を伝え物事を説明する際には、蹲《うずくま》ったり跪《ひざまず》いたりして、両手は地面につけ、恭敬《きょうけい》の意をあらわす。受け応えの声を「あい」という。（中国に）比べると然諾《ぜんだく》のようなものである。

## （11）卑弥呼の王権

【原文】

其國本亦以男子爲王。住七、八十年、倭國亂、（一）相攻伐歴年、乃共立（二）一女子爲王。名曰卑彌呼。（三）事鬼道、能惑衆。（四）年已長大、無夫婿、有男弟佐治國。自爲王以來、少有見者。以婢千人自侍、唯有男子一人給飲食、傳辭出入。居處宮室、樓觀・城柵嚴設、常有人持兵守衞。

（補注）

（一）『後漢書』列伝七十五 東夷伝 倭の条に、「桓・霊の間、倭国 大いに乱れ、更々《こもごも》相 攻伐し、歴年 主無し」とある。

（二）『三国志』巻三十 東夷伝 夫余の条に、「尉仇台 死し、簡位居立つ。適子無く、孽子の麻余なるもの有り。位居 死し、諸加 麻余を共立す」とある。

（三）卑弥呼は、倭の女王。「ヒミコ」という読み方は、新井白石による。曹魏に朝貢のための使者を派遣し、親魏倭王に封建された（『三国志』巻三十 東夷伝 倭人の条）。

《訓読》

其の国 本《もと》亦た男子を以て王と為す。住《とど》まること七、八十年、倭国 乱れ、相 攻伐すること歴年、乃《すなわ》ち一女子を共立して王と為す。名を卑弥呼と曰ふ。鬼道を事とし、能《よ》く衆を惑はす。年 已に長大なるも、夫婿《ふせい》無く、男弟有りて国を治むるを佐《たす》く。王と為りてより以来、見ること有る者少なし。婢千人を以て自ら侍《はべ》らし、唯《た》だ男子一人有りて飲食を給し、辞を伝へて出入す。居処の宮室は、楼観・城柵をば厳しく設け、常に人有り兵

（四）『漢書』巻二十五下 郊祀志下に、「成帝 末年、頗る鬼神を好む、……谷永 上に説きて曰く、『臣 聞くならく、……盛んに奇怪・鬼神を称する……者は、皆 姦人にして衆を惑はし、左道を挾み詐偽を懐きて、以て世主を欺罔するなり』」とある。

［現代語訳］

倭国はもと男子を王としていた。（男王のもと）七、八十年すると、倭国は乱れて、（国々が）互いに攻撃しあうことが何年も続き、そこで一人の女性を共に立てて王とした。名を卑弥呼《ひみこ》という。鬼道《きどう》〔巫術・妖術〕を行い、よく人々を眩《げん》惑《わく》した。歳はすでに年配であるが、夫を持たず、男の弟がおり国の統治を助けている。王となってより以来、（卑弥呼を）見たことのある者は少ない。婢千人を自分に侍らせ、ただ一人だけ男子がおり飲食を給仕し、言辞を伝えるために出入りしている。（卑弥呼の）居る宮室は、楼観《ろうかん》〔見張り

を持ちて守衛す。

## （12）他の倭種と倭国の大きさ

【原文】

女王國東、渡海千餘里、復有國。皆倭種。又有侏儒國、在其南。人長三（一）、四尺、去女王四千餘里。又有裸國（二）・黒齒國（三）、復在其東南。船行一年可至。

參問倭地、絶在海中洲島之上、或絶或連、周旋可五千餘里。

《訓読》

女王国の東、海を渡ること千余里に、復《ま》た国有り。皆 倭の種なり。又 侏儒国有り、其の南に在り。人の長《たけ》三、四尺、女王を去ること四千余里なり。又 裸国・黒歯国有り、復た其の東南に在り。

櫓《やぐら》」と城柵《じょうさく》を厳しく設け、常に人々がおり武器を持って守衛している。

（補注）

（一）『史記』巻四十七 孔子世家に、孔子が最も背の低い国を「僬僥氏は三尺、短きの至りなり」と述べており、身長が同じである。

（二）『呂氏春秋』慎大覧に、「禹 裸国に之《ゆ》きて、裸して入り、衣して出でしは、因れるなり」とある。

（三）『山海経』海外東経に、「黒歯国 其の北に在り」とある。

［現代語訳］

女王国の東、海を渡ること千余里に、また国がある。いずれも倭の種（族の国）である。また侏《しゅ》儒《じゅ》〔こびと〕国があり、その南に位置する。人の身長は三、四尺で、女王国から離れること四千余里である。また裸《ら》国《こく》・黒歯《こくし》国《こく》があり、さらにその

船行すること一年にして至る可し。
　倭の地を参問するに、絶えて海中の洲島の上に在り、或いは絶え或いは連なり、周旋 五千余里可りなり。

## 3　朝貢と回賜および制書

### （1）朝貢と回賜、制書

**【原文】**

　景初（二）〔三〕[一]年六月、倭女王、遣大夫難升米等詣郡、求詣天子朝獻[二]。太守劉夏、遣吏將送詣京都。其年十二月、詔書報倭女王曰、制詔[三]親魏倭王卑彌呼。帶方太守劉夏、遣使送汝大夫難升米、次使都市[四]牛利、奉汝所獻男生口四人、女生口六人、班布二匹二丈、以到。汝所在踰遠、乃遣使貢獻、是汝之忠孝、我甚哀汝。今

東南である。船で行くこと一年で至ることができる。
　倭の地を訪ねると、遠く離れた海中の洲島《しゅうとう》の上に（国が）あり、あるいは海に隔てられあるいは陸続きで、周囲五千余里ばかりである。

（補注）
（一）『三国志』の諸版本は「二」につくるが、『日本書紀』に引用される倭人伝は、景初「三」年につくる。陳寿の執筆意図を考えて、「二」を「三」に改める。
（二）『晉書』巻九十七 四夷伝 倭人の条に、「宣帝の公孫氏を平らぐるや、其の女王 使を遣はし帯方に至らしめて朝見し、其の後 貢聘すること絶えず。文帝 相と作るに及び又 数々至る。泰始の初め、使を遣はして訳を重ねて入貢す」とあり、『晉書』は、卑弥呼の朝貢が、司馬懿による公孫氏の滅亡後であることを明記している。
（三）制詔は、制書の書き出しの定型句。命令する、とい

以汝爲親魏倭王、假金印紫綬、(五)裝封付帶方太守、假授汝。(六)其綏撫種人、勉爲孝順。汝來使難升米・牛利渉遠、道路勤勞。今以難升米爲率善中郎將、(七)牛利爲率善校尉、(八)假銀印青綬、引見勞賜遣還。今以絳地交龍錦五匹［一］、絳地縐粟罽十張、蒨絳五十匹、紺青五十匹、答汝所獻貢直。又特賜汝紺地句文錦三匹、細班華罽五張、白絹五十匹、金八兩、五尺刀二口・銅鏡百枚、(九)眞珠・鉛丹各五十斤、皆裝封付難升米・牛利。還到錄受、悉可以示汝國中人、使知國家哀汝。故鄭重賜汝好物也。

［裴松之注］

［一］臣松之以爲、地應爲綈。漢文帝著皂衣、謂之弋綈、是也。此字不體。非魏朝之失、則傳寫者誤也。

う意味。制書は、王や三公を任命する冊書に比べると、一段低い相手に用いる。卑弥呼は、王ではあるが、外臣であるため、国内の王を任命する場合よりも一段低い格式を用いている。大庭脩『親魏倭王』（学生社、一九七一年）を参照。

（四）都市は、官名。市を統括する官。陳介祺『十鐘山房印挙』に、秦のものとされる「都市」の印がある。

（五）金印紫綬は、国王から関中侯までに与えられた印と綬（印を帯びるためのひも、長さは一丈二尺〔二・七六メートル〕で幅は三尺〔六十九センチメートル〕）。『通典』巻十九 歴代王侯封爵に、「（魏の黄初三年）凡そ国王・公・侯・伯・子・男の六等、……関中侯・爵十七級は、皆 金印紫綬なり」とある。

（六）仮授は、真授とは異なり、本来は資格のない者に恩恵として仮に授けること。

（七）率善中郎将は、官名。異民族の有力者に賜与された。

（八）率善校尉は、官名。異民族の有力者に賜与された。校尉は、中郎将よりも武官としての地位が一階下である。

（九）岡村秀典『三角縁神獣鏡の時代』（吉川弘文館、一九九九年）によれば、「銅鏡百枚」は、倭のために特別に製作した三角縁神獣鏡であるという。

《訓読》

景初三年の六月、倭の女王、大夫の難升米らを遣《つか》はし郡に詣らしめ、天子に詣りて朝献せんことを求む。太守の劉夏、吏を遣はし将《ひき》ゐ送りて京都に詣らしむ。其《そ》の年の十二月、詔書して倭の女王に報じて曰く、「親魏倭王の卑弥呼に制詔す。帯方太守の劉夏、使を遣はして汝《なんぢ》の大夫たる難升米、次使たる都市の牛利を送り、汝の献ずる所の男の生口四人、女の生口六人、班布二匹二丈を奉りて、以て到る。汝の在る所は踰《はる》かに遠きも、乃ち使を遣はして貢献するは、是れ汝の忠孝、我 甚《はなは》だ汝を哀《いつく》しむ。今 汝を以て親魏倭王と為し、金印紫綬を仮し、装封《さうほう》して帯方太守に付し、汝に仮授せしめん。其れ種人《しゅじん》を綏撫し、勉《つと》めて孝順を為せ。汝の来使たる難升米・牛利は遠きを渉り、道

〔現代語訳〕

景初《けいしょ》三（二三九）年の六月、倭の女王（卑弥《ひみ》呼《こ》）は、大夫の難升米《なんしょうまい》たちを派遣し帯方郡《たいほうぐん》に至らせ、天子に拝謁《はいえつ》して朝献《ちょうけん》することを求めた。帯方《たいほう》太守《たいしゅ》の劉夏《りゅうか》は、属吏を派遣し（難升米たちを）引率して京都《けいと》（洛陽《らくよう》）に至らせた。その年の十二月、（皇帝の曹芳《そうほう》は）詔書《しょうしょ》を下して倭の女王に報《ほう》じて次のように言った、「親魏倭王《しんぎわおう》の卑弥呼に制詔《せいしょう》する。帯方太守の劉夏が、使者を派遣して汝《なんじ》の大夫である難升米と次使である都市《とし》の牛利《ぎゅうり》を送り、汝の献じた男性の生口〔奴隷〕四人、女性の生口六人と班布《はんぷ》〔かすりの織物〕二匹《ひき》二丈《じょう》を奉じて、到着した。汝のいる所ははるか遠くにも拘らず、こうして使者を派遣し貢献してきたことは、汝の忠孝（の現れ）であり、我はたいへん汝を慈《いつく》しむ。いま汝を親魏倭王となし、金印紫綬《きんいんしじゅ》を仮《あた》え、包装のうえ封印して帯方太守に託し、汝に仮授《かじゅ》させよう。それ種族の民を綏撫《すいぶ》し、勉めて孝順《こうじゅん》をいたせ。

路に勤労せり。今 難升米を以て率善中郎将と為し、牛利を率善校尉と為し、銀印青綬を仮し、引見して労ひ賜《たま》ひて遣はし還す。今 絳地交龍の錦五匹、絳地縐粟の罽十張、蒨絳五十匹、紺青五十匹を以て、汝の献ずる所の貢の直《あたひ》に答ふ。又特に汝に紺地句文の錦三匹、細班の華罽《かけい》五張、白絹五十匹、金八両、五尺の刀二口、銅鏡百枚、真珠・鉛丹各々五十斤を賜ひ、皆 装封して難升米・牛利に付す。還り到らば録受し、悉く以て汝が国中の人に示し、国家の汝を哀しむを知らしむ可し。故に鄭重に汝に好む物を賜ふなり」と。

［裴松之注］

［一］臣松之 以為《おも》へらく、地は応《まさ》に綈に為《つく》るべしと。漢の文帝 皂衣を著《き》れり、之を弋綈と謂ふ、是《これ》なり。此の字 体《てい》を

汝の使者である難升米と牛利は遠きをわたり、道中で苦労をした。（その功を嘉《よみ》し）いま難升米を率善《そつぜん》中郎将《ちゅうろうしょう》となし、牛利を率善校尉《そつぜんこうい》となし、銀《ぎん》印青綬《いんせいじゅ》を仮《あた》え、引見して労い賜与して送りかえらせる。いま絳地交龍《こうじこうりゅう》〔濃い赤地に蛟龍《こうりゅう》を描いた〕の錦《にしき》を五匹、絳地縐粟《こうじしゅうぞく》〔濃い赤地の細い縮み織〕の罽《けい》〔毛織物〕を十張、蒨絳《せんこう》〔茜《あかね》染めの布〕五十匹、紺青《こんじょう》〔濃い藍《あい》色の布〕五十匹により、汝が献上した朝貢の品物に答える。また特に汝に紺地句《こんじこう》文《もん》〔紺地の布地に句連雷門《くれんらいもん》〈ジグザグの文様〉のある〕の錦を三匹、細班《さいはん》〔細かい華《はな》模様を班《まだら》に出した〕の華罽《かけい》〔毛織物〕を五張、白絹を五十匹、金を八両、五尺の刀を二振り、銅鏡を百枚、真珠・鉛丹それぞれ五十斤を賜与し、みな包装のうえ封印して難升米と牛利に託す。（かれらが）帰り着いたら記録して受け取り、すべてを汝の国中の人々に示し、国家《わたし》が汝を慈しんでいることを知らしめよ。このために鄭重《ていちょう》に汝に好みの品物を賜

なさず。魏朝の失に非ざれば、則ち伝写せし者の誤りなり。



## （2）往来する使者

【原文】

正始元年、太守弓遵（一）、遣建（中）〔忠〕（二）校尉梯儁等、奉詔書・印綬詣倭國、拜假倭王。幷齎詔、賜金・帛・錦・罽・刀・鏡・采物。倭王因使上表（三）、答謝恩詔。

其四年、倭王、復遣使大夫伊聲耆・掖邪狗等八人、上獻生口・倭錦・絳青縑・緜衣・帛布・丹木𤝔短弓・矢。掖邪狗等、

与するものである」と。

［裴松之注］

［一］臣《わたくし》松之が考えるに、地（の字）は綈（の字）につくるべきである。漢の文帝が皂衣《そうい》〔黒い絹の服〕を着た、これを弋綈《よくてい》という、とある（綈が）これである。この（地の）字は意味をなさない。魏朝の（下した詔に）間違いがなければ、伝写した者の誤りである。

（補注）

（一）弓遵は、帯方郡の太守。正始六〔二四五〕年、楽浪太守の劉茂とともに濊族を伐ち、そののち、韓族を伐ち戦死した（『三国志』巻三十 東夷伝 濊・韓の条）。

（二）『三国志』の諸版本は、「中」につくるが、『日本書紀』に引用される当該条は、「忠」につくる。曹魏に建忠将軍、孫呉に建忠中郎将・建忠都尉があり、「建中」将軍・中郎将・都尉の事例が他に見えないため、「中」を「忠」に改める。金文京『三国志の世界』（平成一七〔二〇〇五〕年）は、浙江省嵊県浦口鎮より発見された孫呉の太平二

壹拜率善中郎將印綬。
其六年、詔賜倭難升米黄幢(四)、付郡假授。

《訓読》

正始元年、太守の弓遵、建忠校尉の梯儁らを遣はし、詔書・印綬を奉《ほう》じて倭国に詣らしめ、倭王に拝仮す。幷びに詔を齎《もたら》し、金・帛・錦・罽・刀・鏡・采物を賜ふ。倭王 使に因りて上表し、恩詔に答謝す。

其の四年、倭王、復た使たる大夫の伊

(二五七)年の墓から「建中校尉」と書かれた墓誌が見つかっていることから(『考古』一九九一―三)、文字を改める必要はないとする。

(三)『晉書』巻一 宣帝紀に、「正始元年の春正月、東の倭、訳を重ねて貢を納む。焉耆・危須の諸国、弱水より以南、鮮卑の名王も、皆 使を遣はして来献す。天子 美を宰輔に帰し、又 帝の封邑を増す」とあり、このときの記録と考えられる。

(四)黄幢は、黄色の旌旗。軍事を指揮するために用いられる。曹魏は、土徳の国家で黄色をシンボルカラーとしていた。

〔現代語訳〕

正始《せいし》元(二四〇)年、帯方太守の弓遵《きゅうじゅん》は、建忠《けんちゅう》校尉《こうい》の梯儁《ていしゅん》たちを派遣して、詔書《しょうしょ》と印綬《いんじゅ》を奉《ほう》じて倭国に至らせ、(卑弥呼を親魏)倭王に拝仮《はいか》した。ならびに詔《みことのり》をもたらし、金・帛《はく》〔絹〕・錦《にしき》・罽《けい》〔毛織物〕・刀・鏡・采物を賜与した。倭王は(魏からの)使者に託して上表《じょうひょう》し、恩詔《おんしょう》に答謝《とうしゃ》した。

正始四(二四三)年、倭王は、また使者である声者・掖邪狗ら八人を遣はし、生口・倭錦・絳青縑・緜衣・帛布・丹木の弣の短弓・矢を上献す。掖邪狗ら、壱《いっ》に率善中郎将の印綬を拝す。

　其の六年、詔して倭の難升米に黄幢を賜ひ、郡に付して仮授せしむ。

### （3）倭国の乱を見届ける

【原文】


　其八年、太守王頎(一)到官。倭女王卑彌呼、與狗奴國男王卑彌弓呼素不和。遣倭載斯・烏越等詣郡、說相攻擊狀。遣塞曹掾史張政等、因齎詔書・黄幢、拜假難升米、爲檄告喩之。

　卑彌呼以死、大作冢。徑百餘步、狥葬者奴婢百餘人。更立男王、國中不服、更

大夫の伊《い》声者《せいき》と掖邪狗《えきやく》たち八人を派遣して、生口・倭錦《わにしき》・絳青縑《こうせいけん》〔玉虫織の薄手の絹織物〕・緜《めん》衣《い》〔まわたの服〕・帛布《はくふ》〔白絹の織物〕・丹木《たんぼく》の弣《ゆづか》の短弓〔赤い木のつかの短い弓〕・矢を上献《じょうけん》した。掖邪狗たちは、みな率善中郎将の印綬を拝受した。

　正始六（二四五）年、詔して倭の難升米に黄幢《こうどう》〔黄色の旌旗《せいき》〕を賜与し、帯方郡に託して仮授させた。


（補注）

（一）王頎は、字は孔碩、東萊の人。玄菟太守として高句麗征討に活躍したのち、正始八（二四七）年、帯方太守に転任した。景元四（二六三）年には、天水太守として蜀漢を滅ぼすことに功績を挙げ、西晉に仕えて汝南太守となった。

（二）『冊府元亀』巻九百六十八 外臣部 朝貢第一に、「（正始）八年、倭国の女王たる壱与、大夫の掖邪狗らを遣はして台に詣らしめ、男女の生口三十人を献上し、白珠五千枚・青大句珠二枚・異文雑錦二十四を貢ぐ」とあり、正始

相誅殺、當時殺千餘人。復立卑彌呼宗女壹與、年十三爲王、國中遂定。政等以檄告喩壹與。壹與遣倭大夫率善中郎將掖邪狗等二十人、送政等還。(二)因詣臺、獻上男女生口三十人、貢白珠五千孔・青大句珠二枚・異文雜錦二十匹。(三)

《訓読》

其の八年、太守の王頎 官に到る。倭の女王たる卑弥呼、狗奴国の男王たる卑弥弓呼と素《もと》より和せず。倭の載斯・烏越らを遣はして郡に詣り、相 攻撃する状《さま》を説かしむ。塞曹掾史の張政らを遣はして、因りて詔書・黄幢を齎し、難升米に拝仮し、檄を為《つく》りて之に告喩す。

卑弥呼 死するを以て、大いに冢を作る。径は百余歩、狗葬する者 奴婢百余

八（二四七）年のこととされている。

(三)『晉書』巻三 武帝紀に、「(泰始二〈二六六〉年）十一月己卯、倭人 来たりて方物を献ず。圜丘・方丘を南・北郊に并はせ、二至の祀を二郊に合す」とあり、倭人は、このの ち泰始二（二六六）年十一月にも朝貢している。西晉が建国され、南北郊祀を王粛説に従って改めた重要な時期に、それを言祝ぐ使者を送っているのである。

[現代語訳]

正始八（二四七）年、帯方太守の王頎《おうき》が官に到着した。倭の女王である卑弥呼は、狗奴国《くなこく》の男王である卑弥《ひみ》弓呼《きゅうこ》とまえから不和であった。（そこで卑弥呼は）倭の載斯《さいし》と烏越《うえつ》たちを派遣して帯方郡に至り、（狗奴国と）互いに攻撃しあっている様子を報告させた。（これに応えて帯方太守の王頎は）塞曹掾史《さいそうえんし》の張政《ちょうせい》たちを派遣して、それにより（先に帯方郡まで届いていたが送られていなかった）詔書と黄幢をもたらし、（狗奴国との戦い

人なり。更《あらた》めて男王を立つるも、国中服せず、更々《こもごも》相誅殺し、時に当たりて千余人を殺す。復た卑弥呼の宗女《そうじょ》たる壱与、年十三なるを立てて王と為し、国中遂に定まる。政ら檄を以て壱与に告喩す。壱与倭の大夫たる率善中郎将の掖邪狗ら二十人を遣はして、政らの還るを送らしむ。因りて台に詣り、男女の生口三十人を献上し、白珠五千孔・青大句珠二枚・異文雑錦二十匹を貢《みつ》ぐ。

の軍事的指導者である）難升米に拝仮し、檄文《げきぶん》をつくって難升米に告喩《こくゆ》した。

　卑弥呼が死去したため、大いに冢《つか》〔墓地〕を作った。（冢の）径《けい》は百余歩〔約百四十四メートル〕、殉葬《じゅんそう》する者は奴婢《ぬひ》百余人であった。あらためて男王を立てたが、国中は服せず、相互に殺し合い、この時にあたり千余人を殺した。また卑弥呼の同宗の女性である壱与《いよ》という、十三歳（の子）を立てて王となし、国中はようやく定まった。（それを見た）張政たちは檄文により壱与に告喩した。壱与は倭の大夫《たいふ》である率善中郎将《そつぜんちゅうろうしょう》の掖邪狗《えきやく》たち二十人を派遣して、張政たち（の帰国）を送らせた。それにより（掖邪狗たちは洛陽の）尚書台に至り、男女の奴隷三十人を献上し、白珠《はくしゅ》を五千孔《こう》〔孔《あな》を開けた白珠《しらたま》五千〕・青大句珠《せいだいくしゅ》〔青玉〈ひすい〉で作った勾玉《まがたま》〕を二枚・異文雑錦《いぶんざっきん》〔中国と模様の異なるいろいろな錦〕を二十匹朝貢した。

# あとがき

わたしは本来、三国時代を中心とする中国古代史や儒教などの中国思想史を専門とする。邪馬台国に関する知識は、邪馬台国マニアの人々に遠く及ばない。それでも、本書を執筆するにあたって、日本古代史や日本考古学の邪馬台国に関する先行研究にできる限り目を通し、『日本書紀』の該当箇所を通読する、といったことはしなかった。勉強不足の言い訳のようだが、あまりに詳細な知識を持って倭人伝を読むことは避けたい、と思ったからである。

陳寿は、倭に関して、先行する史書を読み、使者の報告書を見た程度の知識を持っていただけであろう。そうであれば、過大な知識に基づく先入観を持つことなく、これまで『三国志』を読んできた経験のなかで、陳寿が書きうる倭人伝の内容を考えてみたいと思った。

このため、漢籍の典拠を無意味に列挙することも控えている。陳寿が読んだこともない漢籍の引用に意味はないからである。その代わり、陳寿が読んでいた『史記』『漢書』「春秋三伝」『礼記』『尚書』『周礼』『論語』といった書籍が、倭人伝の記述に反映されている部分は、積極的に指摘した。陳寿だけではなく、中国の史家は、一から物語を創作することを原則として行わない。『論語』述而篇《じゅつじ》に、「述べて作らず。信じて古《いにしへ》を好む」と孔子が言うように、「古（古典）」を信じて、好んでそれを述べることが、儒者でもある史家の方法論だからである。

邪馬台国の全貌を明らかにすることは、日本古代史や日本考古学の仕事である。わたしにその大役は果たせない。しかし、倭人伝が『三国志』という中国の史書の一部である以上、中国学研究者にしか読めない行間もある。本書によって、これまでの邪馬台国研究において見落とされていた点が、一つでも二つでも指摘できれば、中国学研究者としての使命は果たすことができたと言えるのではないか。

三国時代を専門としながらも、異民族との関係には精通していないわたしに、帯方郡の役割を示唆してくださった桜美林大学の町田隆吉先生、また、前著の『三国志―演義から正史、そして史実へ』にもまして進まなかった原稿を辛抱強く待ち続け、入り組んだ原稿の構成を考えてくれた中公新書編集部の田中正敏氏に感謝を捧げたい。

二〇一二年二月二七日　勝浦の寓居にて

渡邉義浩

## さらに深く知りたい人のために


### 魏志倭人伝訳注

石原道博（編訳）『新訂 魏志倭人伝・後漢書倭伝・宋書倭国伝・隋書倭国伝』岩波文庫、一九五一年、新訂版は一九八五年

魏志倭人伝だけではなく、その後の倭伝・倭国伝も翻訳している。

水野祐『評釈 魏志倭人伝』雄山閣出版、一九八七年

魏志倭人伝を二十九段に分け、詳細な注釈をつける。

山尾幸久『新版 魏志倭人伝』講談社、一九八六年

魏志倭人伝を三部十一説に分けることを提唱した。本書はこの三部構成に従っている。

佐伯有清『魏志倭人伝を読む』上下、吉川弘文館、二〇〇〇年

魏志倭人伝で用いられている言葉の用例を中国の古典・史書にまで求めて解釈する。

### 邪馬台国論争史

三品彰英（編）『邪馬台国研究総覧』創元社、一九七〇年

邪馬台国に関する基本的な論文を要約し、研究動向を附す。邪馬台国研究の基本文献。

佐伯有清『研究史 邪馬台国』吉川弘文館、一九七一年、『研究史 戦後の邪馬台国』吉川弘文館、一九七二年、『邪馬台国論争』岩波書店、二〇〇六年、『邪馬台国基本論文集』Ⅰ～Ⅲ、創元社、一九八一～八二年
前三著は邪馬台国に関する研究史を整理し、基本論文集には九十篇の論文を収める。
渡辺三男（監修）・三木太郎（著）『邪馬台国研究事典』Ⅲ・Ⅳ、文献目録、新人物往来社、一九八九年
全七巻を予定していたが未完。しかし、文献目録は有用である。本書は、繁雑となるため論文の題目と刊行年しか掲げていない。この本に掲載雑誌は掲げられている。
岡本健一『邪馬台国論争』講談社選書メチエ、一九九五年
ジャーナリストの立場から、邪馬台国論争を客観的に総括し、大和説の立場に左袒する。

**考古学資料と倭人伝**

岡村秀典『三角縁神獣鏡の時代』吉川弘文館、一九九九年
中国考古学の立場から、三角縁神獣鏡を分析し、国際関係にも論及する。
設楽博己（編）『三国志がみた倭人たち―魏志倭人伝の考古学』山川出版社、二〇〇一年
考古資料から魏志倭人伝の中身の信憑性を考えた論文集。
佐原真『魏志倭人伝の考古学』岩波書店、二〇〇三年
魏志倭人伝の風俗記事と考古学的事実を対照する。

石野博信・高島忠平・西谷正・吉村武彦（編）『研究最前線邪馬台国　いま何がどこまで言えるのか』朝日新聞出版、二〇一一年
纒向遺跡の現状について、最新の情報を提供する。

## 東洋史からの提言

橋本増吉『東洋史上より見たる日本上古史研究』東洋文庫、一九五六年
『魏略』の逸文などを博捜するとともに民俗学的見地から邪馬台国を研究する。
大庭脩『親魏倭王』学生社、一九七一年
東洋史学の立場から、三国時代の官職や制詔のあり方を詳細に論じる。
岡田英弘『倭国の時代』文藝春秋、一九七六年、朝日文庫に一九九四年収録
親魏大月氏王に着目し、曹爽と司馬懿の抗争のなかに、親魏倭王の賜与の原因を求める。
西嶋定生『邪馬台国と倭国－古代日本と東アジア』吉川弘文館、一九九四年
冊封体制によって形成される東アジア世界のなかで、倭国と中国との関係を位置づける。

## 本書の理解のために

［論文］
渡邉義浩「『三国志』東夷伝 倭人の条に現れた世界観と国際関係」（『三国志研究』六、二〇一一年）

本書の基礎となっている論文。ただし誤りがあるので訂正しておきたい。

四十三頁上段十三行　玄兎太守→玄菟太守

　下段二十五行　曹爽　→　曹真

四十八頁上段四十七行　『太平御覧』……公孫淵の死去は、景初三年である。

　→慶元版『太平御覧』……ただし、公孫淵の死去は、景初二年である。

渡邉義浩「陳寿の『三国志』と蜀学」（『狩野直禎先生傘寿記念　三国志論集』三国志学会、二〇〇八年）

陳寿の『三国志』の評を分析することにより、『三国志』の執筆意図を探るとともに、そこに陳寿の学んだ蜀学の影響があることを明らかにした。

［一般書］

渡邉義浩『三国志―演義から正史、そして史実へ』中公新書、二〇一一年

三国志の入門書。なじみの深い『三国志演義』から『三国志』へ、そして『三国志』の分析より導き出せる史実を説明している。

渡邉義浩『儒教と中国―「二千年の正統思想」の起源』講談社選書メチエ、二〇一〇年

陳寿の『三国志』にも大きな影響を与えている儒教は、どのようにして中国の国教となったのか。また、後漢末の鄭玄を代表とする宗教的・神秘的な経典解釈が、なぜ「理」に基づく西晋の王粛の注釈へと展開していくのか、を中心に古代の儒教を説明した。

渡邉義浩『三国志研究入門』日外アソシエーツ、二〇〇七年
三国志に関する研究動向を整理したもの。魏志倭人伝には、触れていない。

［研究書］
渡邉義浩『三国政権の構造と「名士」』汲古書院、二〇〇四年
両晉南北朝の貴族へと変貌していく三国時代の知識人層である名士層の形成と、君主と名士との関係のあり方が三国の政権構造を異ならせていることを論じた。
渡邉義浩『西晉「儒教国家」と貴族制』汲古書院、二〇一〇年
司馬懿の孫司馬炎が建国した西晉において「儒教国家」が再建され、司馬懿の子司馬昭が施行した五等爵制によって国家的身分制度としての貴族制が成立することを論じた。
渡邉義浩『三國志よりみた邪馬臺國－国際関係と文化を中心として』汲古書院、二〇一六年
「魏志倭人伝」に含まれる偏向が生じた国際関係と、偏向が生ずる背景となった文化に関する論文を収録した、「魏志倭人伝」を中国側から見る試みである。

渡邉義浩（わたなべ・よしひろ）

1962（昭和37）年，東京都生まれ．筑波大学大学院博士課程歴史・人類学研究科修了．文学博士．大東文化大学文学部教授を経て，現在，早稲田大学常任理事・文学学術院教授．大隈記念早稲田佐賀学園理事長．専門は「古典中国」．三国志学会事務局長．

著書『後漢国家の支配と儒教』（雄山閣出版，1995年）
『三国政権の構造と「名士」』（汲古書院，2004年）
『儒教と中国―「二千年の正統思想」の起源』（講談社選書メチエ，2010年）
『三国志―演義から正史、そして史実へ』（中公新書，2011年）
『王莽―改革者の孤独』（大修館書店，2012年）
『三国志よりみた邪馬台国』（汲古書院，2016年）
『漢帝国―400年の興亡』（中公新書，2019年）
『孫子―「兵法の真髄」を読む』（中公新書，2022年）
『全譯後漢書』（全19巻，主編，汲古書院，2001～16年）
など多数．

**魏志《ぎし》倭人伝《わじんでん》の謎《なぞ》を解《と》く**
中公新書 *2164*

2012年5月25日初版
2025年6月30日5版

著　者　渡邉義浩
発行者　安部順一

本文印刷　三晃印刷
カバー印刷　大熊整美堂
製　　本　フォーネット社

発行所　中央公論新社
〒100-8152
東京都千代田区大手町1-7-1
電話　販売　03-5299-1730
　　　編集　03-5299-1830
URL https://www.chuko.co.jp/


Published by CHUOKORON-SHINSHA, INC.
Printed in Japan　ISBN978-4-12-102164-9 C1221

## 日本史



2189 歴史の愉しみ方　磯田道史
2455 日本史の内幕　磯田道史
2295 天災から日本史を読みなおす　磯田道史
2729 日本史を暴く　磯田道史
2579 米の日本史　佐藤洋一郎
2389 通貨の日本史　高木久史
2321 道路の日本史　武部健一
2494 温泉の日本史　石川理夫
2671 親孝行の日本史　勝又基
2500 日本史の論点　中公新書編集部編
1617 歴代天皇総覧（増補版）　笠原英彦
2302 日本人にとって聖なるものとは何か　上野誠
2619 もののけの日本史　小山聡子
1928 物語 京都の歴史　脇田修・脇田晴子
2345 京都の神社と祭り　本多健一

2654 日本の先史時代　藤尾慎一郎
2709 縄文人と弥生人　坂野徹
482 倭国　岡田英弘
147 騎馬民族国家（改版）　江上波夫
2164 魏志倭人伝の謎を解く　渡邉義浩
1085 古代朝鮮と倭族　鳥越憲三郎
2828 加耶《かや》／任那《みまな》―古代朝鮮に倭の拠点はあったか　仁藤敦史
2533 古代日中関係史　河上麻由子
2470 倭の五王　河内春人
2095 『古事記』神話の謎を解く　西條勉
1502 日本書紀の謎を解く　森博達
2362 六国史《りっこくし》―日本書紀に始まる古代の「正史」　遠藤慶太
2673 国造―大和政権と地方豪族　篠川賢
804 蝦夷《えみし》　高橋崇
1041 蝦夷《えみし》の末裔　高橋崇
2699 大化改新（新版）　遠山美都男
1293 壬申の乱　遠山美都男

2636 古代日本の官僚　虎尾達哉
2371 カラー版 古代飛鳥を歩く　千田稔
2168 飛鳥の木簡―古代史の新たな解明　市大樹
2353 蘇我氏―古代豪族の興亡　倉本一宏
2464 藤原氏―権力中枢の一族　倉本一宏
2563 持統天皇　瀧浪貞子
2725 奈良時代　木本好信
2457 光明皇后　瀧浪貞子
2648 藤原仲麻呂　仁藤敦史
2452 斎宮―伊勢斎王たちの生きた古代史　榎村寛之
2783 謎の平安前期―桓武天皇から『源氏物語』誕生までの２００年　榎村寛之
2829 女たちの平安後期―紫式部から源平までの２００年　榎村寛之
2559 菅原道真　滝川幸司
2281 怨霊とは何か　山田雄司
2662 荘園　伊藤俊一